普通高等职业教育规划教材
21世纪卓越汽车应用型人才培养专用教材

事故现场查勘与理赔

组　编　中锐教育研究院
主　编　宫　斌

同济大学出版社
TONGJI UNIVERSITY PRESS

内 容 提 要

本书根据德国工商大会(IHK)教学模式和教学标准,结合中国汽车企业人才需求标准,将引进的德国汽车技术服务类课程经过本地化改编而成。内容组织上以工作过程系统化为导向,以学习情境为教学单元,将工作过程系统地映射到教学过程中。通过完成学习情境中设定的任务和项目,采用资讯、小组讨论或现场实训、检查评估等教学环节达到培养学生专业能力、个人能力、社会能力的教学目标。

本书是中锐华汽教育推出的汽车估损与理赔类课程系列教材的第4个学习领域"事故现场查勘与理赔"。全书共分为3个学习情境,包括11个任务,共108课时。内容包括:报案调度、现场查勘、损失定损等。

本书适合高等职业院校汽车估损与理赔专业学生课堂使用,随本书配套有相应的电子版教学资源文件包供广大师生教学和学习使用。

图书在版编目(CIP)数据

事故现场查勘与理赔/宫斌主编. --上海:同济大学出版社,2014.8
ISBN 978-7-5608-5521-9

Ⅰ.①事… Ⅱ.①宫… Ⅲ.①交通运输事故-现场勘查-高等职业教育-教材②汽车保险-理赔-中国-高等职业教育-教材 Ⅳ.①U491.31②F842.63

中国版本图书馆 CIP 数据核字(2014)第 116487 号

普通高等职业教育规划教材
21世纪卓越汽车应用型人才培养专用教材

事故现场查勘与理赔

组 编 中锐教育研究院　主 编 宫 斌　主 审 戴 华
责任编辑 陈佳蔚　责任校对 徐春莲　封面设计 王 璐　项目执行 陈佳蔚 朱 莉

出版发行	同济大学出版社　www.tongjipress.com.cn
	(地址:上海市四平路1239号　邮编:200092　电话:021-65985622)
经　销	全国各地新华书店
印　刷	常熟大宏印刷有限公司
开　本	889mm×1194mm 1/16
印　张	10.25
印　数	1—2000
字　数	328000
版　次	2014年8月第1版　2014年8月第1次印刷
书　号	ISBN 978-7-5608-5521-9
定　价	32.00元

本书若有印装质量问题,请向本社发行部调换　　版权所有　　侵权必究
封面图片如涉及版权,请于中锐教育集团联系,必付薄酬

普通高等职业教育规划教材
21世纪卓越汽车应用型人才培养专用教材
编审委员会

顾 问
　陈晓明(中国机械工业教育发展中心主任)
　　　　(教育部全国机械职业教育教学指导委员会副主任兼秘书长)
　姜大源(教育部职业技术教育中心研究所研究员)

专家委员会主任
　李理光(同济大学机械与能源工程学院副院长、教授、博士生导师)

专家委员会委员(按姓氏笔画排序)
　王登峰(吉林大学汽车学院教授、博士生导师)
　马　钧(同济大学汽车学院副院长、教授、博士)
　左曙光(同济大学汽车学院教授、博士生导师)
　朱西产(同济大学汽车安全技术研究所所长、教授、博士生导师)
　刘　洋(广汇汽车服务股份公司人力资源总经理)
　孙泽昌(同济大学汽车学院副院长、教授、博士生导师)
　李春明(长春汽车工业高等专科学校副校长、教授)
　李春祥(庞大汽贸集团股份有限公司人力资源总经理)
　陈荣均(利星行汽车网络发展与培训部总经理)
　张执玉(清华大学汽车工程系)
　陈博玮(上汽大众VW服务技术培训部经理)
　楼建伟(中锐教育集团总经理助理)
　　　　(教育部全国机械职业教育教学指导委员会产教合作促进与指导委员会秘书长)
　Britta Buschfeld(德国工商大会职业培训与教育总监)

编审委员会主任
　周肖兴(中锐教育集团董事总经理)
　　　　(教育部全国机械职业教育教学指导委员会产教合作促进与指导委员会主任委员)

编审委员会副主任
　支文军(同济大学出版社社长、教授、博士生导师)
　夏令伟(中锐教育集团研究院常务副院长)
　　　　(中锐教育集团无锡南洋职业技术学院　汽车工程与管理学院院长、教授)
　韩亚兰(中锐教育集团总经理助理)
　　　　(中锐教育集团华汽事业部　总经理)
　钱　强(中锐教育集团无锡南洋职业技术学院　汽车工程与管理学院副院长、副教授)
　田久民(中锐教育集团总经理助理)
　　　　(中锐教育集团敏捷科技有限公司总经理)
　商传辉(中锐教育集团庞锐商学院　院长)

编　委(按姓氏笔画排序)
丁雪涛	于得江	王和平	王建邦	王晓峰	孙会永	包科杰	龙　超
卢海坤	朱玉合	李　权	刘佳霓	朱　莉	张　宇	陈光忠	张　芳
杨运来	吴建刚	陈　荷	肖　翔	陈智刚	周有源	岳　震	荆旭龙
赵成龙	赵　彬	宫　斌	袁宝俊	席振鹏	高培金	贾清华	徐景山
康　华	梁建和	章俊成	韩玉科	鲁学柱	薛　淼	戴　华	魏春雷

序(一)

职业教育与普通教育的显著差别,在于职业教育是一种跨界的教育。职业教育所具有的这一跨界特征,集中表现在如下三个方面:

其一,校企合作的办学模式,跨越了传统的只有学校一个学习地点的围城,由此,职业教育既要关注学校教育的规律,还要关注企业教育的规律;

其二,工学结合的人才培养,跨越了传统的只有课堂一种学习方式的视域,由此,职业教育既要关注基于认知的学习方式,又要关注基于工作的学习方式;

其三,职业教育的培养目标,跨越了传统的只有教育一种社会功能的范畴,由此,职业教育既要关注教书育人张扬个性的教育目标,又要关注服务经济社会发展的目标。

纵观世界,凡是职业教育比较发达的国家,例如,德国、瑞士的"双元制"职业教育、澳大利亚的"技术与继续教育"等,正是由于其遵循了这一跨界的基本规律,都为各自国家经济、社会的发展,提供了大批高质量、高素质的技能人才,使得职业教育成为国家核心竞争力的要素。

任何类型的教育,课程始终是人才培养的核心。跨界的职业教育,其课程也必然要遵循跨界的基本规律。20世纪末,德国"双元制"职业教育对课程进行了全方位的改革,提出了被称为"学习领域"的课程方案。这是在对传统的、基于知识存储的学科系统指向的课程的革命性突破的基础之上,所提出的一种现代的、基于知识应用的工作过程导向的课程。

德国职业教育发展的这一宝贵经验,为中国职业教育的改革提供了学习和借鉴的参照。伴随着中国改革开放30多年的进程,中国职业教育如何才能为国家现代化建设培养大批既能满足经济发展需要,又能满足个性发展需要的高素质技能人才呢?为此,我国职业教育战线的有识之士,紧密结合国情,对此进行了卓有成效的探索。近十多年来,随着德国基于工作过程的学习领域课程的引入,也引发了我们对职业教育课程本质的思考:要实现企业需求与个性发展的集成,进而实现职业性与教育性的结合,一方面要求课程改革必须从知识的存储为主转向知识的应用为主;另一方面,还要求学习国外的经验必须从简单照搬转向借鉴创新。近年来,在课程改革的过程中,我们通过融入中国哲学思想的本土化尝试,在德国工作过程导向的课程方案的基础上,提出了工作过程系统化的课程方案,从而在理论创新和实践探索方面,都取得了较大的成效。

所谓工作过程系统化课程,其本质在于:第一,课程体系的构建必须遵循职业成长的规律和认知学习的规律,要把功利性的需求与人本性的发展结合起来;课程体系中的每一门课程,都是一个经过教育学的"模式化处理"的、源于实践而高于实践的完整的工作过程,课程名称采用动宾结构的词组而非纯名词的词组,以突显职业教育的特征;第二,每门课程的设计必须由三个以上的学习情境构成,旨在通过基于同一范畴的三个以上工作过程的比较学习,使学生通过"比较—迁移—内化"

的学习过程,获得思维方式的训练,以获得可持续发展的能力。在这里,学习情境的设计还要遵循两个重要原则:一是学习情境的设计必须具备典型的工作过程特征,即要突显不同职业的工作对象、内容、手段、组织、产品和环境等六个要素的特征,这是对已经存在的、与职业相关的具体工作过程的映射与把握,旨在使学生获得从业的职业能力;二是学习情境的设计还必须实现完整的思维过程训练,即要完成逐步增强的所谓资讯、决策、计划、实施、检查、评价的"六阶段"训练,这是对指导一切具体工作过程的"工作过程"——思维工作过程的概括与抽象,以应对未知的职业具体工作过程,旨在使学生获得致力于自身发展的方法论能力。

令人欣慰的是,近年来,工作过程系统化课程已逐渐为广大职业院校所认同。职业教育的课程,已逐渐摆脱传统的学科结构系统化课程的束缚,向着更加符合职业教育规律的工作过程系统化课程的改革方向前行。而更加令人高兴的是,除了教育部门的职业院校和经济部门的行业企业,在职业教育受到越来越多的社会各界重视和关注的同时,国内的一些教育集团或公司,更是对职业教育注入了极大的热情,并身体力行,在职业教育的课程开发和教学软件等方面,做出了很大贡献。

其中,致力于职业教育投资、管理和服务的中锐集团公司,就是众多成绩和效果都比较突出的公司中的一个。中锐集团公司顺应市场需求,以汽车职业教育为龙头,与国内40多所高校共建汽车职业教育汽车学院与实训基地,并结合国内汽车企业相关岗位的用人标准及国内高职院校的实际情况,在参照德国"工作过导向"的学习领域课程方案的基础上,根据我国自行开发的工作过程系统化课程的理论创新和设计思路,编写了一套相关教材。

例如,"汽车检测与维修专业",首先,在课程体系的开发方面,设置了17个学习领域。这17个学习领域课程被分为三个学习阶段:第一阶段以学习汽车维护保养和机械结构检修为主,第二阶段以学习汽车电控系统检修为主,第三阶段以学习汽车综合故障诊断和整车性能检测为主。这样的递进安排遵循了由浅入深、由简单到复杂、由经验到策略的技能成长规律;其次,在每门课程的开发方面,又为每一学习领域设置了三个以上的学习情境,每一学习情境又都是一个完整的工作过程,遵循比较—迁移—内化的学习规律。

在逻辑上,这些学习情境之间具有平行、递进和包容等关系。比如,"汽油发动机管理系统故障诊断与维修"学习领域,设置了"空气供给系统检修"、"燃油供给系统检修"、"点火系统检修"、"排放系统检修"、"综合故障检修"等5个学习情境,前4个学习情境之间为并列关系,第5个情境与前4个情境为包容关系。每一学习情境的内部结构,也是按照完整的工作过程序化的,如在"空气供给系统检修"这个学习情境中,根据故障检修的实际工作顺序,又分为"空气流量计的检修"、"进气压力传感器的检修"、"节气门体的检修"三个阶段性的任务。

由于课程设计始终遵循"操作步骤重复而内容不重复"的工作过程系统化原则,通过对5个学习情境所体现的检修工作过程的比较,不仅能使学生把握"空气供给系统检修"的具体工作过程,而且能逐渐把握"资讯、决策、计划、实施、检查、评价"的思维工作过程。其中,在"资讯"环节给出汽修行业操作规范的共性的操作步骤;在"计划"和"实施"环节,要求学生结合在教学中使用的多种不同实训车型,制定出差异化的工作计划并实施;然后通过对不同实训车型的重复多次的操作,不仅可使学生达到职业要求的熟练操作程度,而且又通过对不同实训车型制定不同实施方案的比较学习,有利于培养学生应对同一工作过程中出现的不同情况而采用不同处理方法的能力,最终实现由经验型技能向策略型技能的跃迁。

中锐教育集团在研发这套教材的同时,还开发出了配套的教学设备和教学软件,实现了课程教材、教学设备、教学软件三个教学元素的一体化。这就使得职业教育的课程开发、教学实施,获得了相关教学资源的支撑。

总之,这套教材不仅引入了德国的"双元制"职业教育理念,而且结合了中国汽车行业对人才的需求和岗位要求,体现和反映了中国汽车行业的一些特点。

真诚希望中锐教育集团公司这套教材的出版,能对我国汽车职业教育的教学改革和创新有所裨益,也期待有更多的教育公司等社会机构,参加和参与职业教育。

同样,祈望各位读者朋友们,也能对这套教材提出宝贵的意见和建议。

升级版的中国经济发展,呼唤着升级版的职业教育,让我们为之奋斗吧!

(教育部职业技术教育中心研究所研究员)

2013 年 7 月 20 日

Vorwort

Gerne komme ich der herzlichen Einladung der Chiway Education Group Shanghai nach, dieses Vorwort zu verfassen.

Bereit seit Jahren verfolge ich äußerst interessiert die Entwicklung der Chiway Education Group Shanghai im Bereich der beruflichen Bildung. Dabei beindruckt mich insbesondere ein derzeit laufendes, innovatives Berufsbildungsmodell, das sich durch die Kooperation zwischen Industrie und Schule auszeichnet.

Der Austausch und die Kooperation zwischen China und Deutschland im Bereich der beruflichen Bildung entwickelnin einer sehr positiven Art in schnellen Schritten immer weiter. Die AHK widmet sich dabei intensiv dem Transfer dualer Prinzipien des bewährten deutschen Systems der dualen Berufsausbildung nach China.

Nach mehrjährigen Erfahrungen bei der Übertragung und Durchführen wurde immer klarer, dass wir in China andere Voraussetzungen als in Deutschland vorfinden. Daher kann und darf das deutsche System der dualen Berufsausbildung nicht einfach kopiert werden.

Jedoch hat die Idee der dualen Berufsausbildung in China bereits fruchtbaren Boden gefunden um sich weiter zu entwickeln und alle beteiligten Parteien wie berufliche Schulen, Berufsbildungsgruppen und Unternehmenkönnen davon profitieren.

Chiway, als eine markführende Berufsbildungsgruppe hat bereits viele interessante Erfahrungen mit dem Berufsbildungsmodell gesammelt und konnte dadurch große Erfolge erzielen. Bildungsaktivitäten wie Curriculum Entwicklung, Unterricht, Zusammenstellung der Lehrbücher, Einführen der praktischen bzw. Betrieblichen Ausbildung seien hier beispielhaft angeführt.

Durch den Aufbau einer strategischen Kooperationspartnerschaft mit der AHK stärkt Chiway zugleich die Kooperation und den Austausch mit Deutschland im Bereich der beruflichen Bildung.

In Deutschland benutzt man eine Vielzahl von Lernmaterialien, unter anderem sollen die Schüler Arbeitsaufträge erledigen und Arbeitsblätter bearbeiten. Bereits in die Unterrichtsvorbereitung muss der Lehrer viel Arbeit und pädagogisches Geschick legen. Im Unterricht werden die Schüler arbeitsprozessorientiert herangeführt, Arbeitsblätter zu bearbeiten, Arbeitsaufträge zu erledigen, und Projekte selbstständig durchzuführen. Hierdurch stehen die Schüler im Unterricht im Mittelpunkt und werden zum aktiven Lernen motiviert.

Die Situationen in Deutschland sind anders als in China, auch der Markt in Deutschland ist anders, d. h. der Markt in Deutschland dafür reifer als in China. Die deutschen Arbeitsaufträge oder Arbeitsblätter einfach unverändert in chinesische Lehrbücher zu übernehmen kann sicherlich nicht erfolgreich sein. Daher hat Chiway die deutschen Ideen zur dualen Berufsbildung, die vom Ausbildungsumfeld und den betrieblichen Bedürfnissen ausgehen aufgegriffen und innovativ auf die chinesischen Verhältnisse angepasst.

Die praxisorientierte Durchführung der Berufsausbildung durch Chiway bringt uns viele wertvolle Erfahrungen beim Transfer der deutschen Berufsbildung nach China. Die innovative Entwicklung der chinesischen Berufsbildung wird davon profitieren und sich auszahlen.

Ich wünsche Chiway weiterhin viel Erfolg im Bereich der beruflichen Bildung.

Britta Buschfeld
2013. 7

序(二)

应上海中锐教育集团盛情之邀,为这套教材作序。实际上近些年个人一直在关注中锐的职业教育工作,吸引我的是其正在实践和创新的产教合作职教模式。

中德之间在职业教育领域的交流和合作一直在蓬勃进行当中,德国工商会也一直致力于把德国的职业教育体系双元制原则引入到中国。经过不断的尝试和实践,我们发现,中国与德国国情不同,无法照搬照抄德国双元制职业教育体系,但双元制的职业教育理念在中国获得了丰富的土壤,职业院校、职教集团、用人企业都获益匪浅。中锐作为一家领先的职业教育集团,在职业教育模式上做了很多有趣的尝试并获得了很大的成果,其中就包括在课程开发、教学、教材编写、学生实习实训等教育活动中引入德国的双元制职业教育理念。同时,中锐也通过与德国工商大会上海代表处建立战略合作关系加强了与德国职业教育领域的合作和交流。

实际上,原汁原味的德国职教模式在教学中使用多种素材,其中包括项目单或工作页,教师在课下做足功夫,课堂上按照项目教学法及面向工作过程教学法引导学生完成项目单或工作页内容的填写,充分发挥学生在教学中的主体作用,调动学生学习的主动性和积极性。中国与德国国情不同,汽车市场的发育成熟度也不一样,在教材内容的选择上,简单照搬德国项目单或工作页上的内容显然是行不通的。对此,中锐在引进和吸收德国职业教育的思想和理念基础上,根据教学环境、企业需求等实际情况进行了本土化的创新。

中锐的职教实践为我们总结出了很多值得借鉴的德国职教模式中国本土化的宝贵经验。中国职业教育的创新发展必能从中获益。

祝愿中锐教育集团在职业教育领域再创辉煌!

Britta Buschfeld
(德国工商大会职业培训与教育总监)
2013年7月

前　言

作为汽车后市场的一个重要组成部分，汽车保险的市场份额非常庞大。具体体现在整个保险领域，目前几乎所有财产险公司，都以开展汽车保险作为其主要经营收入。在财产保险领域，从事汽车查勘定损的人员越来越多；在教育领域，既有研究生领域的机动车保险研究方向，也有本科层次的汽车服务工程专业，更有高职领域的机动车保险与理赔专业、中职领域的汽车保险专业，已经形成了一个规模相当庞大的在校学生群体。其中，作为高职层次的机动车保险与理赔专业的学生，由于具备一定的专业知识、动手能力强、岗位稳定性好等原因，受到了保险公司的大力欢迎。

汽车保险在我国起步较晚，该领域的专业教育也显薄弱。本书主要是为了满足高等院校机动车保险与理赔专业以及其他相关专业的教育而编写的。当然，由于本书充分注重了对读者动手能力的培养，也非常适合保险公司从事汽车保险的查勘定损、核赔核保岗位工作人员以及大型汽车维修公司车辆保险从业人员阅读。

本课程采用现场情景教学与理实一体化的结合教学模式。这种教学模式与传统的教学模式最大的区别在于课程在讲解工作流程的同时，通过经典案例讲解，典型问题的答疑，最终通过多媒体的方式表现出来。岗位不同，要求学生的综合素质也不同。通过本课程情景模拟训练，学生可以对自己有一个明确的定位和未来发展方向的职业规划。

本课程共分为3个学习情境，包括11个任务，共108课时。第一个学习情境主要是掌握现场查勘和定损的工作及要求，同时了解理赔相关岗位的工作内容。第二个学习情境是在第一个学习情境的基础上引入常见案例，加大难度和巩固第一册的知识点，使学生必须掌握和能够具备独立完成简单工作的能力。并能够处理保险理赔其他工作岗位的常规工作技能。第三个学习情境主要学习复杂和疑难案件的处理方式和能够处理和胜任保险理赔各个岗位的工作任务，并且各项专业技能和综合素质达到实际工作要求。

本书由官斌主编，在本书的编写过程中，机械工业教育发展中心陈晓明、教育部职业技术教育中心研究所研究员姜大源、德国工商大会（IHK）上海代表处职业培训与教育总监白丽塔（Britta Buschfeld）等给予了指导并提出了许多宝贵的意见，在此深表感谢。

由于编者水平和能力有限，书中难免会出现一些错误，敬请广大师生谅解和批评！

编　者
2014年6月

目 录

序(一)
Vorwort
序(二)
前言

学习情境 1　报案调度 ·· 1

　任务 1　报案受理 ·· 3
　任务 2　调度派工 ·· 9

学习情境 2　现场查勘 ·· 15

　任务 1　查勘前工作 ·· 17
　任务 2　到达现场 ·· 23
　任务 3　现场查勘拍照 ·· 33
　任务 4　绘制查勘报告 ·· 62
　任务 5　人身伤害的查勘 ·· 77

学习情境 3　损失定损 ·· 85

　任务 1　定损前工作 ·· 87
　任务 2　损失更换标准 ·· 95
　任务 3　确定损失项目 ·· 102
　任务 4　估算损失金额 ·· 114

附录　中华人民共和国保险法 ·· 130

学习情境 1　报案调度

【岗位描述】

受理报案调度员的岗位职责是在接到被保险人的报案后,对事故现场询问案情,查询、核对承保信息,询问事故发生经过,在系统内录入报案信息,调度现场查勘,登记处理结果等。

【知识目标】

1. 学习接报案接听和沟通话术技巧;
2. 学习客户电话回访规范和话术;
3. 学习岗位职责规范和要求;
4. 学习工作流程和综合素质要求规范;
5. 学习紧急问题处理和业务处理要求。

【能力目标】

1. 能把握当事人的心理,指导客户妥善保存现场和按公司规定引导客户处理现场;
2. 有效及时调配查勘人员进行现场查勘;
3. 能够按系统要求详细录入报案信息;
4. 在规定时间内对客户进行回访;
5. 能够有效处理各种投诉和客户来电。

【工作流程】

报案调度工作流程如图 1-1 所示。

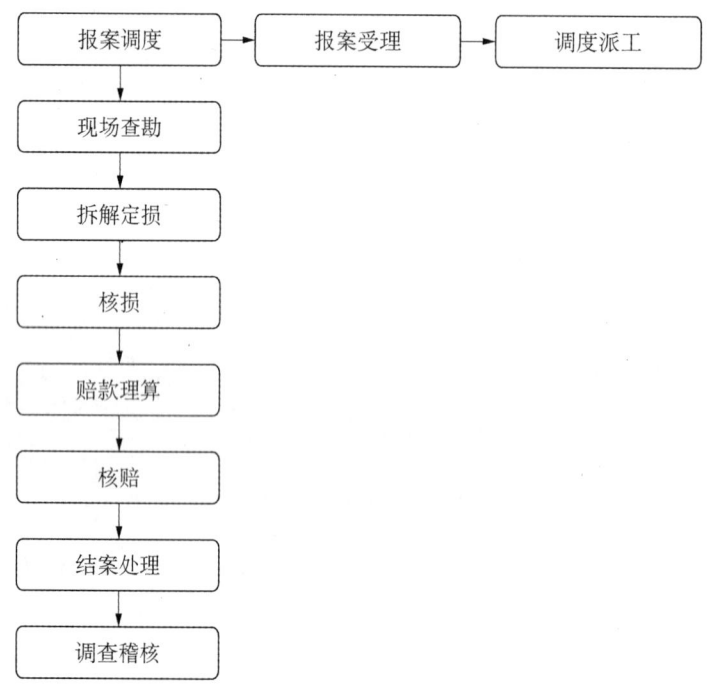

图 1-1　报案调度流程

【情境导入】

2013年2月19日,王先生早上驾驶标的车沪AB6666行驶在上班的路上。由于前一天晚上下雪,路面湿滑,在行驶到申滨路与仙霞西路交汇处,避让一行人时,由于路面较滑,刹车不及,刮到路边的路灯杆上,造成标的车右前部受损,向保险公司报案。保险公司报案中心接到报案,调派查勘员进行现场查勘。

任务1　报案受理

一、学习目标

1. 能够熟练掌握报案受理工作流程,接受报案;
2. 能够使用规范用语,解答客户咨询;
3. 能够按系统要求详细录入报案信息;
4. 能够按照要求录入报案平台。

二、学习内容

1. 学习受理客户报案,解答客户咨询;
2. 受理及委托异地代查勘案件;
3. 学习核对保单抄件,建立初始案卷;
4. 学习查勘后的电话回访,对每天报案情况进行统计;
5. 学习报案平台信息录入。

三、资讯

(一) 知识链接

1. 职业道德规范

(1) 接班人员未到岗时,值班人员不得自行下班;未向接班人员交班时,值班人员也不得下班;
(2) 开始电话服务前,要将私人手机、传呼机等关机或设置成震动状态;
(3) 坚守岗位,要在电话响铃三声以内及时接听电话;
(4) 通话完毕后,要晚于客户再挂机;
(5) 与客户通话时,必须使用规范用语和文明用语,坚决杜绝服务禁语;
(6) 与客户通话时,不得接听私人电话或处理私人业务;
(7) 按照服务类别的要求,准确回答客户问题、详细记录服务信息、及时调度指挥、按时回访客户;
(8) 受理客户举报、投诉时,应详细了解情况、及时形成有关材料、立即直接上报领导;
(9) 夜班期间要坚守岗位、及时接听客户来电、按时回访客户,不得因贪图休息而贻误电话服务工作;
(10) 不准顶撞、急慢、刁难、应付、搪塞客户。

2. 仪容仪表规范

保险业务大部分属于服务性业务,直接和客户接触,所以保险工作人员一定要注意自己的仪表仪容。具体规范示例如图1-2所示。

图1-2　仪容仪表规范示例图

3. 服务用语规范

1）接听电话，了解客户需求的规范用语

（1）"您好，××保险，工号007号为您服务。"

（2）"请问您，我能为您做什么？"

2）核实、确认保单信息的规范用语

（1）"请问您的保单号码是多少？"

（2）"请问被保险人名字是××吗？"

（3）"请问您的车牌号是沪AB6666？车型是丰田卡罗拉吗？"

对于超出保险期限的客户，如没有新的保单，应明确告知不属于保险责任，并做好解释工作。如客户认定在本公司已经续保，可先进行手工记录报案，按正常流程处理，然后提醒客户找到新保单后向公司补报保单号。规范用语：

"对不起，您的保单已经过期了，请您查一下有没有今年的保单。"（您今年有没有在我公司投保）

根据系统中提示的近期报案信息，核对是否属于同一起事故；如果是同一起案件，告知报案号，其规范用语如下：

（1）"请问您这起事故是不是已向中锐保险公司报过案了？"

（2）如有报过，则为"沪AB6666已向我司报过此案，请记一下您的报案号是130708。"

3）核实报案人身份（如被保险人本人、司机、目击者等）和肇事司机的规范用语

（1）"请问如何称呼您？您是驾驶员吗？"

（2）"请问发生事故时是谁开的车？"

4）询问出险地点的规范用语

（1）"请问您的车辆是在什么时间，具体什么地方发生事故的？"

（2）"请问您现在在事故现场吗？"

5）询问事故的损失情况的规范用语

"请问您的车辆什么部位受损,有人伤吗,有其他损失吗?"

6)提醒指引告知,服务规范用语

"请您保持电讯通话畅通,我们稍后会有工作人员和您联系,注意安全,或提醒指引客户根据案情需要,请您向当地报公安机关处理。"

(二) 工作实施

受理报案工作主要是进行报案记录。报案记录工作主要有以下几项内容:询问案情;查询出险车辆承保、理赔情况(包括商业机动车保险和机动车交通事故责任强制保险);生成对应的报案记录;确定案件类型(本地自赔案、本代案件和外代案件),如图1-3所示。

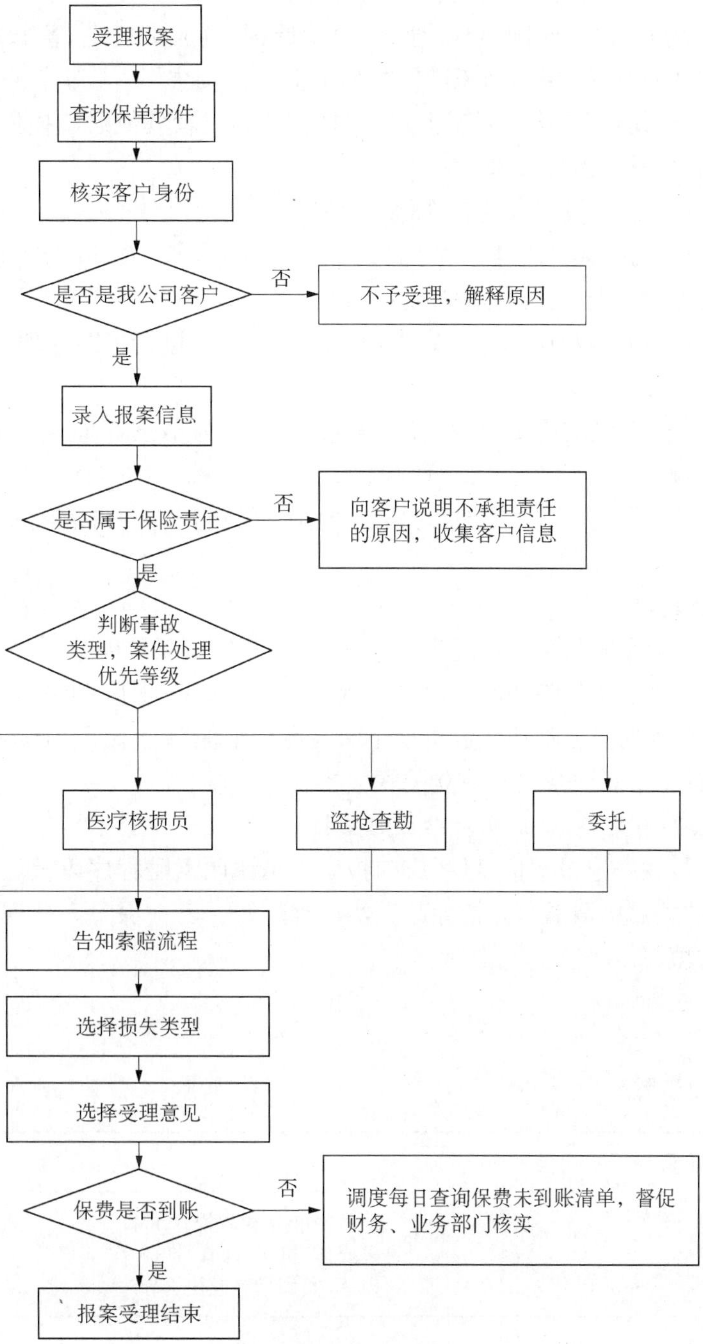

图1-3 案件受理流程图

1. 查询承保信息

（1）根据报案人提供的保单号码、车牌号码、牌照底色、车型、发动机号等关键信息，查询出险车辆的承保情况和批改情况。应特别注意承保险别、保险期间以及是否通过可选免赔额特约条款约定免赔额。

（2）无承保记录的，按无保单报案处理。

2. 询问案情

询问案情主要有以下四点信息：

（1）保险车辆的有关信息。保单号码、被保险人名字、车牌号码、牌照底色和厂牌型号等。非车险、意险主要询问保险单号码、被保险人名字等。

（2）出险信息。出险时间、出险地点、出险原因、驾驶人姓名、事故经过和事故涉及的损失等。其中，事故涉及的损失按"本车车损"、"本车车上财产损失"、"本车车上人员伤亡"、"第三者车辆损失"、"第三者人员伤亡"、"第三者车上财产损失"、"第三者其他财产损失"和"其他"的分类方式进行询问，并指导客户是否需要报警。

（3）报案人信息。报案人姓名、联系电话等。

（4）第三方车辆、财产信息。对于涉及第三方车辆的事故，应询问第三方车辆车型、车牌号码、牌照底色以及保险情况（提醒报案人查看第三方车辆是否投保了交强险）等信息。如果第三方车辆也是本公司承保且在事故中负有一定责任，则一并登记，进行报案处理。

3. 查询历史出险、赔付信息

（1）查询出险车辆的历史出险、报案信息（包括作为第三者车辆的出险信息），核实是否存在重复报案、重复索赔。

（2）对两次事故出险时间相近的案件，应认真进行核查，并将有关情况通知查勘人员进一步调查。

4. 生成报案记录

（1）根据出险车辆的承保情况生成报案记录，报案记录与保单号一一对应。

（2）出险车辆的交强险和商业机动车保险在一个保单号下承保的，生成一条报案记录。

（3）出险车辆的交强险和商业机动车保险在多个保单号下承保的，在各保单项下生成对应的报案记录，并在各个报案记录之间建立关联关系。

5. 指导填写有关单证，说明后续理赔安排

接报案人员在登记报案信息后，应向报案人员说明索赔程序以及注意事项。现场报案的，应向被保险人提供"索赔申请书"，并指导其据实详细填写。若被保险人非现场报案，应在查勘现场时请被保险人及时填写。

四、实训

（一）实训步骤

步骤	内容
1.	M-AI报案模块操作讲解 多媒体（机房）课堂讲解 Flash实训指导模块引导

续表

步骤	内　　容
2.	M-AI报案模块实操练习 多媒体(机房)操作练习
3.	情境脚本学习、设计,见"情境设计"
4.	情境演练 车险理赔综合实训道场(或其他)分组,角色扮演,模拟训练

(二) 情境设计

1. 案例设计

2013年2月19日,王先生早上驾驶标的车沪AB6666行驶在上班的路上。由于前一天晚上下雪,路面湿滑,在行驶到申滨路与仙霞西路交汇处,避让一行人时,由于路面较滑,刹车不及,刮到路边的路灯杆上,造成标的车右前部受损,向保险公司报案。

2. 情境对话

客 户 报 案

(电话录音:欢迎您致电中锐保险公司,产品咨询请按1,投诉请按2,报案请按3……,请稍等。你好,工号007号为您服务,为了保证服务质量,您的通话可能被录音,敬请谅解!)

报案中心:(招呼语)您好,××保险公司,工号007号为您服务。

客户:你好,我的车出险了。

报案中心:你好,请告诉我您的车牌号、被保险人是谁或保单号。

客户:我的保险单号是9837462927457001。

报案中心:稍等,我给你查询一下。

报案中心:先生(小姐)你好,请问被保险人是王××,车牌号码是沪AB6666吗?

客户:是的。

报案中心:您是被保险人本人,还是?

客户:我就是被保险人。

报案中心:是您本人驾驶的汽车,还是其他人?

客户:是我本人开的车。

报案中心:好的,请问是什么时间发生的事故?

客户:早上8:30左右。

报案中心:请问在什么地点发生的事故?

客户:上海市,闵行区,申滨路与仙霞西路交汇处。

报案中心:请您叙述一下事故发生的经过。

客户:早上我开车上班,由于昨天晚上下雪,路面湿滑。在行驶到申滨路与仙霞西路交汇处,避让一行人时,由于路面太滑,刹车来不及,刮到路边的路灯杆上了。

报案中心:请问有人员受伤吗?

客户:没有。

报案中心:请问,是刮到路灯杆吗?哪些位置损坏?

客户:是刮到路灯杆,我车的右前部损坏,前保险杠右侧脱落了。

报案中心：请问路灯杆有损坏吗？
客户：路灯杆没有损坏。
报案中心：请问您现在还在现场吗？
客户：是的。
报案中心：王先生(小姐)你好,我重复一下您的报案信息。您是早上 8:30 左右,驾驶标的车,您是被保险人本人,行驶在上海市,闵行区,申滨路与仙霞西路交汇处,避让一行人时,由于路滑,刹车不及,刮到路灯杆,造成标的车右前部受损,前保险杠脱落,无人伤,无物损,是吗？
客户：是的。
报案中心：好的,请您稍等,保护好现场,稍后我司会派查勘员为您查勘现场,查勘员会与您联系,您的报案信息会以短信形式发送给您,请稍等。
客户：好的。
报案中心：谢谢您的来电,有什么需要,请及时拨打报案电话与我司联系,我的工号是 007,再见！
客户：再见。

3. 工具

报案记录本、签字笔、"出险通知书"、电话、电脑、M-AI 车险业务综合实训系统。

4. 场地

车险理赔综合实训道场。

5. 情境考核

报案平台系统操作如图 1-4 所示。

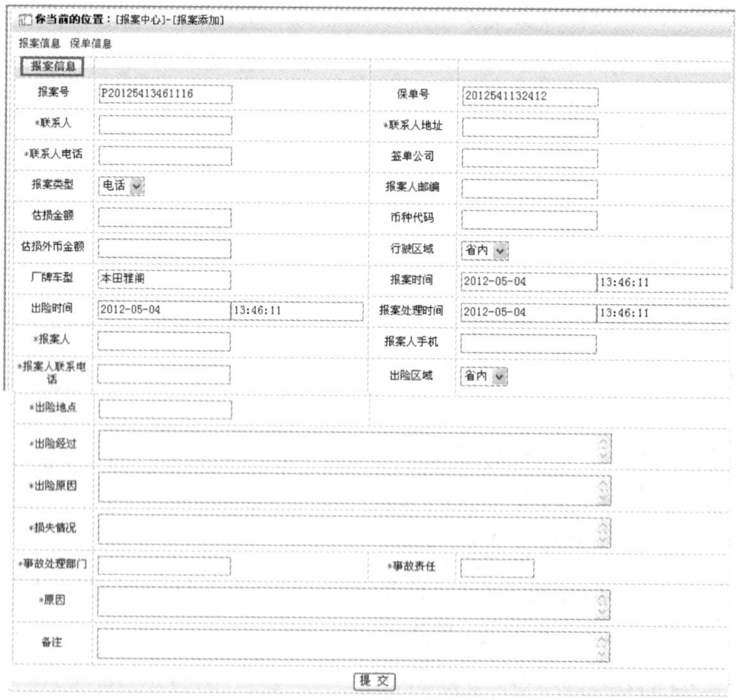

图 1-4　报案平台界面

任务2　调度派工

一、学习目标

1. 能够掌握查勘调度工作流程；
2. 能够初步判断是否属于保险责任；
3. 能够掌握查勘人员派工和记录技巧；
4. 能够掌握与撤消案件的客户沟通技巧；
5. 能够应用平台进行系统内案件调度。

二、学习内容

1. 学习受理初始案卷，判断案件是否构成保险责任，对于保险责任案件，应予及时调派；
2. 对于不属于保险责任的案件，负责缮制"撤销案件审批书"和"撤销案件通知书"，并上报审核立案人审核；
3. 对查勘人员派工和记录；
4. 学习与撤销案件的客户沟通；
5. 学习与案卷管理岗交接初始案卷；
6. 学习调度平台内，调派案件（或案件认领）。

三、资讯

（一）知识链接

1. 调度派工的分类

1）按调度级别分类

在大部分车险公司都是由保险公司自己的查勘人员查勘定损，调度人员只需直接调度给查勘人员；在部分公司将其查勘定损工作委托公估公司，调度人员直接把任务派工给公估公司，由公估公司派给其查勘员。

（1）一级调度，指调度人员将案件直接派工给本公司查勘人员处理。

（2）二级调度，指调度人员将案件派给委托的公估公司，由公估公司再次调度给其查勘人员。

2）按损失类型分类

对于不同类型的案件需要不同专业背景的查勘人员处理，调度人员应根据案件损失情况派工。

（1）车险查勘员，仅对车辆损失进行查勘。

（2）财产险查勘员，仅对财产损失进行查勘。

（3）人伤查勘员，仅对人员伤亡进行查勘跟踪。

2. 电话回访

1）查勘到位情况回访

向报案人回访查勘人员的到位情况，并记录回访情况。

2）定损及结案后回访

定损或结案后，应对定损质量或整体理赔服务质量进行回访，并记录回访相关情况（按回访流程办理)。

3) 客服中心对案件现场查勘情况进行跟踪回访用语

(1) 跟踪查勘时规范用语：

"您好,王先生(小姐),我是××保险公司,工号007号,想打扰您几分钟时间做个回访,好吗?"

(2) 取得客户同意后：

"请问您报案多久后,我们查勘人员与您电话联系?"

"请问现在我公司的查勘人员在现场吗,在您报案多久后到的?"

(3) 了解服务评价用语,如要找的当事人不在时：

"请问您知道他什么时候在吗？您可以告诉我能联系到他的电话吗？"

(4) 遇号码错误时：

"对不起,打扰您了。"

(5) 特殊情况时,如客户表示现在不方便接听电话：

"请问您什么时间方便我们再打给您?"

(6) 了解服务评价用语：

"请问您查勘人员到达现场后,有没有给您派发名片或留下联系电话?"

"您对查勘人员的服务态度满意吗?"

"您对我们查勘人员有什么建议或意见?"

(7) 回访完毕后：

"谢谢您,您提出的宝贵建议,我们将及时反馈给公司相关负责人员,再次感谢您对我们工作的关心和支持!"

"有什么问题,欢迎拨打我们的服务电话进行投诉和咨询,谢谢。"

4) 客服中心受理投诉用语及要求

(1) 遇到客户情绪激动,破口大骂时：

"对不起,先生/小姐,请问有什么可以帮助您?"

(2) 遇到客户投诉客服人员态度不好时：

"对不起,由于我们服务不周给您添麻烦了,请您原谅,您是否能将详细情况告诉我?"

认真记录客户的投诉内容,并留下联系方式。

(3) 对于客户投诉,在受理结束时：

"很抱歉,先生/小姐,多谢您反映的意见,我们会尽快向上级部门反映,然后给您明确的答复,好吗,谢谢您,再见。"

3. 报案注销

根据《未决赔案管理规定》,符合报案注销条件的,可进行报案注销处理。满足以下条件之一方可进行报案注销：

(1) 重复报案；

(2) 接报案或查勘时,当场能够拒赔的案件。

目前,保险公司为提高理赔服务质量,根据被保险人的报案情况由电脑系统自动进行保险单抄单并打印保险车辆的出险通知书,被保险人只需签章确认即可。

(二) 工作实施

调度的工作流程,如图1-5所示。

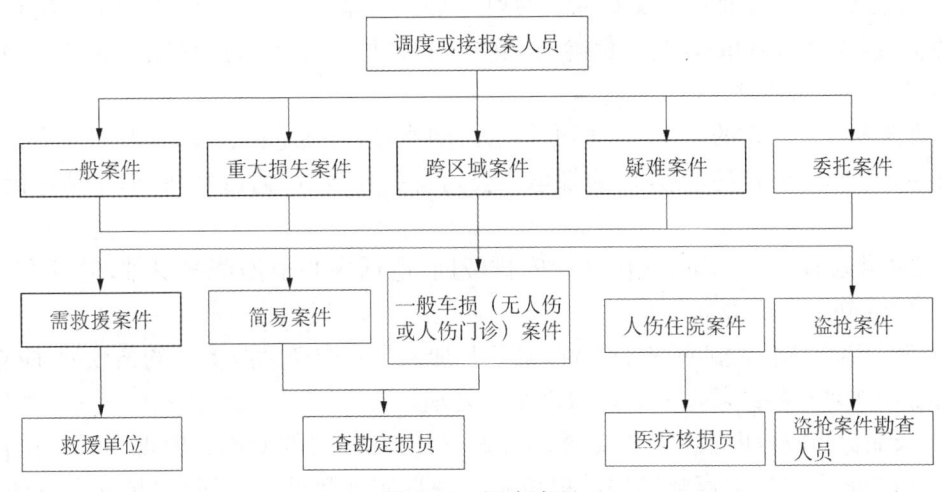

图1-5 调度流程

1. 查找待调度案件

调度人员应不停地刷新待调度案件,发现有待调度案件应及时调度。良好的服务水平要求高效的调度,以确保客户能第一时间与查勘员联系,正确处理好事故。

2. 了解案情

调度人员受理调度案件后,应快速了解案情。确定案件类型准确调度,并发觉案件风险点,以便转告现场查勘人员。

3. 联系查勘员,告知案情及风险点

当调度人员确定了派工方案后应及时联系查勘人员,告知查勘人员案件的基本情况,案件风险点。

1) 告知查勘员的重要事项

(1) 事故描述;

(2) 标的车型及其他事故方信息;

(3) 事故方损失情况;

(4) 报案驾驶员姓名;

(5) 事故处理人员联系电话;

(6) 优先处理案件;

(7) 查勘地点等。

2) 特别风险点提示列举

(1) 起保近期或快到期出险;

(2) 多次出险(出险次数);

(3) 我司关注风险驾驶员;

(4) 超时报案等。

3) 注意事项

(1) 及时调度查勘人员进行现场查勘。

对属于保险责任范围内的事故和不能明确确定拒赔的案件,应立即调度查勘人员进行查勘。

① 调度原则:就近调度、一次调度。同一保险车辆的一起事故,不论生成几条报案记录,只生成一项查勘学习,进行一次查勘调度。

② 打印或传送"机动车保险报案记录（代抄单）"或"非车险报案记录（代抄单）"给查勘人员（可采用邮件传输，但须电话通知）。同一保险车辆的一起事故存在多个报案记录的，应将所有报案记录和承保信息完整告知查勘人员。

（2）事故涉及人员伤亡的，应及时通知（可通过网络，但也须电话告知）医疗跟踪人员。

（3）需要通知承保公司的，应及时通知承保公司有关人员（可通过网络，但也须电话告知）医疗跟踪人员。

（4）需要提供救助服务的案件，应立即安排救助（电话中心根据情况安排，但不论是否安排救助，都需要及时通知客户服务部）。

① 对于客户需要提供救助服务的案件，确认其加保了相应救助服务特约条款的，应立即实施救助调度，并记入"机动车特约救助书"，按救助案件处理。

② 对于未加保相应救助服务特约条款的客户，可协助其与救助单位取得联系。在客户同意支付相关费用的前提下，可以调度救助协助单位赶赴现场实施救助。但须在"机动车特约救助书"付费方式一栏，选择"现场收费救助"项目。

4. 系统派工

调度人员联系查勘人员后应在系统内派工，把案件任务调到该查勘员的查勘平台，以便查勘员对案件的后续处理。调度任务结束转给下一查勘环节。

5. 任务改派

当系统派工后对于部分案件由于客观原因该查勘员无法查勘时，调度人员应及时安排其他查勘人员完成该任务，同时在系统内应完成任务改派，以确保该案件在实际处理人平台。

四、实训

（一）实训步骤

步骤	内　　容
1.	M-AI调度模块操作讲解 多媒体（机房）课堂讲解 Flash实训指导模块引导
2.	M-AI调度模块实操练习 多媒体（机房）操作练习
3.	情境脚本学习、设计，见"情境设计"
4.	情境演练 车险理赔综合实训道场（或其他）分组，角色扮演，模拟训练

（二）情境设计

1. 案例设计

2013年2月19日，王先生早上驾驶标的车沪AB6666行驶在上班的路上。由于前一天晚上下雪，路面湿滑，在行驶到申滨路与仙霞西路交汇处，避让一行人时，由于路面较滑，刹车不及，刮到路边的路灯杆上，造成标的车右前部受损，向保险公司报案，保险公司报案中心接到报案，调派查勘员进行现场查勘。

2. 情境对话

报案中心通知查勘员

查勘员：你好！

报案中心：你好，是张××吗？

查勘员：是的。

报案中心：这里有一起案件需要您处理一下。

查勘员：好的，报案号码多少？

报案中心：报案号是130708（外地委托案件，报案号有公司代码，提醒查勘员是某地委托案件）。

查勘员：在什么地点发生的事故？

报案中心：上海市，闵行区，申滨路与仙霞西路交汇处。

查勘员：什么事故？

报案中心：避让行人时撞到路灯杆上。

查勘员：都有哪些损失？

报案中心：标的车右前部受损，前保险杠有脱落，无人伤，无物损。

查勘员：当事人电话号码是多少，什么车？

报案中心：电话号码是138××××，丰田卡罗拉车。

查勘员：好的，谢谢。

报案中心：稍后报案信息会短信发给您，再见。

查勘员：好的，再见。

3. 工具

电话、电脑、M-AI车险业务综合实训系统。

4. 场地

车险理赔综合实训道场。

5. 情境考核

调度平台系统操作，如图1-6所示。

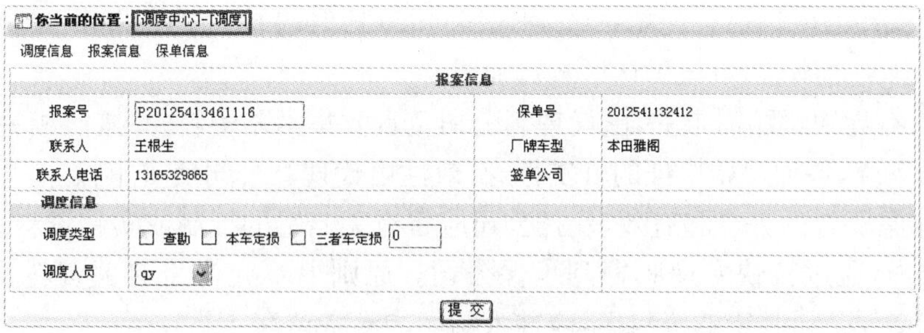

图1-6 调度平台界面

五、知识拓展

1）定义

（1）通赔。是指保险公司内部在车险集中理赔系统的数据平台上，对涉及异地出险的保险车辆由两个及两个以上分公司共同处理完成的案件。

(2) 承保公司。是指出险保险车辆的出单公司,包括分公司和中心支公司所属机构。

(3) 受托公司。是指在系统中除承保公司以外的参与各环节理赔处理的分公司或中心支公司。

2) 通赔目的

实现全国通赔后,通过车险集中理赔系统,实现车险赔案在不同分公司的报案、查勘核损、理算和结付赔款的无缝流转,体现标准化、便捷化的理赔服务,减少客户索赔成本,满足客户在异地出险后根据需要进行异地报案、异地查勘、异地交付索赔资料以及异地领取赔款等多种选择。

3) 处理规则

(1) 通赔案件由承保公司负责核赔。

(2) 同一损失项目的估损和核损(价)工作在同一家公司完成。

(3) 通赔案件的系统单证收集和理算工作在同一家公司完成。

(4) 同一事故项下的交强险赔案和商业险赔案在同一家公司理算完成。

(5) 特殊类型的案件即通融案件、诉讼案件、先行赔付案件、补赔案件、追偿案件由承保公司收集单证和理算。受托公司不参与上述特殊案件的系统内理算处理。

(6) 注销、拒赔案件可在受托公司发起相关申请,但核赔由承保公司完成。

4) 作业操作规范

(1) 通赔案件在各公司之间的流转和衔接

① 通赔案件在各分公司之间通过车险理赔系统流转处理,通赔管理员和调度人员负责通赔案件在本公司的任务派发和流程跟踪。通赔案件须严格按照系统流程处理,各环节处理必须保证规范性和时效性,各分支机构不得推诿、拖延通赔案件的处理。

② 对委托处理的案件如有风险提示等其他信息可以通过书面通知。为保证通赔案件的及时处理,在通过系统流转的同时,可采用电话、邮件等实务方式及时通知受托公司。

(2) 单证缮制及管理

① 通赔案件的单证要求及单证上传规范均按照总公司现行的相关管理规定及实务规范执行。

② 受托公司对赔案的查勘报告、调查笔录、现场记录等资料,应一并上传扫描至理赔系统,以便承保公司或处理其他环节公司审查、核对。

③ 受托公司在基本代查勘费以外支付的专项代查勘费,由受托公司先行报销后,将有关单据及本公司报销凭据一并上传扫描至理赔系统;承保公司审核时应核对委托事由、查勘地点、查勘事故等情况与上传资料是否吻合,审核确认后方可通过。

④ 被保险人有异地索赔需求的,由代理算公司负责收集索赔资料,并按照相关规定将有关资料上传到车险理赔系统,各种原始单证的真实性、有效性由代理算公司负责审核。

⑤ 为确保赔案资料的齐全和有效,受托公司应将有关赔案的纸制或实物资料,在本处理环节结束后两个工作日内,通过特快专递邮寄到承保公司。原则上不允许将有关资料交客户代为转交。承保公司在收到受托公司邮寄的资料后,应并入赔案的卷宗留存。

(3) 通赔案件中关于交强险支付垫付流程的处理

① 通赔案件异地出险后,如果需要交强险支付(垫付)抢救费用,可授权出险地公司处理。

② 授权后由出险地公司在车险理赔系统完成交强险支付(垫付)的处理流程,同时将有关证明资料上传至车险理赔系统。

③ 如果需要出具担保函,由出险地公司审核通过并加盖公章后交给医院;如果需要支付赔款,由承保公司核赔通过后通过转账的方式支付给医院。

④ 担保函的回收、抢救费的结算事宜由出险地公司负责。

学习情境2　现场查勘

【岗位描述】

查勘定损人员接到调度员的派工及时赶到事故现场，做好救援工作，调查当事人及事故车的基本情况，询问、调查事故发生经过，拍摄现场照片，做好现场笔录，收集相关单证，对事故定性定责、缮制查勘报告，录入到系统内并上传案件现场资料。

【知识目标】

1. 熟悉事故车的查勘流程；
2. 熟悉查勘前的准备工作；
3. 掌握现场查勘的摄影技能。

【能力目标】

1. 能够把握当事人的心理采取有效的沟通方式安抚事故人，并告知理赔注意事项，收集相关单证；
2. 能够迅速准确获取保险标的发生事故的时间、经过，能够判断事故车辆与证件的真实性，能够分析出险的原因，判定事故责任；
3. 能够熟练掌握现场拍照、绘图、录音等技能，能够真实地反映事故现场，能够规范填写单证及查勘记录，缮制查勘记录。

【工作流程】

现场查勘工作流程如图 2-1 所示。

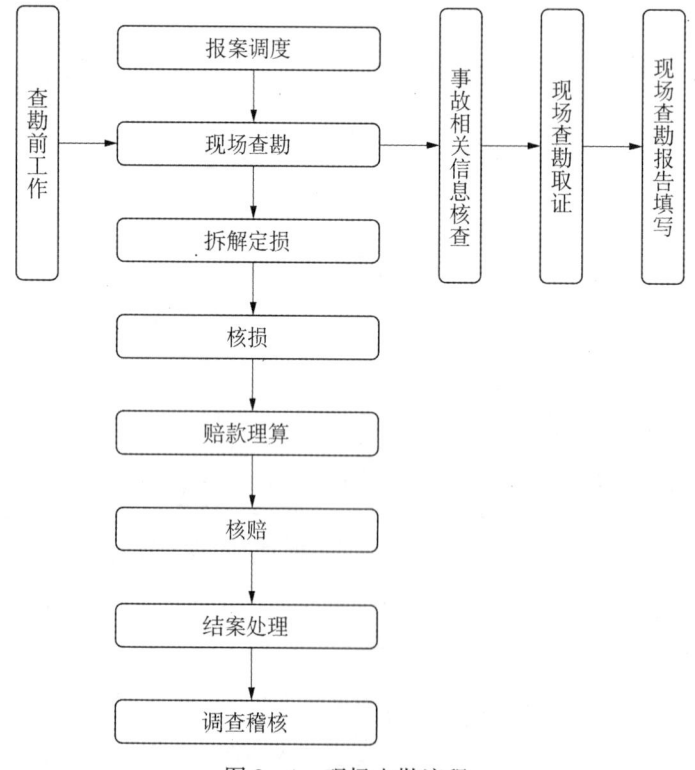

图 2-1 现场查勘流程

【情境导入】

2013年2月19日,王先生早上驾驶标的车沪AB6666行驶在上班的路上。由于前一天晚上下雪,路面湿滑,在行驶到申滨路与仙霞西路交汇处,避让一行人时,由于路面较滑,刹车不及,刮到路边的路灯杆上,造成标的车右前部受损,向保险公司报案,查勘员接到任务调派。到达现场后,审核相关信息。相关信息审核完毕,进行现场取证。取证完毕,进行查勘资料的填写。由于行人受伤,被送往医院,调派人伤查勘人员到医院查勘。

任务1 查勘前工作

一、学习目标

1. 能够掌握通信设备及拍摄设备的准备要求;
2. 能够正确准备查勘所需要的纸质单证;
3. 能够鉴定查勘车辆是否处于安全运行状态;
4. 能够按照企业标准着装。

二、学习内容

1. 学习准备现场查勘前工具、用具等;
2. 学习系统内查看报案信息,确定事故类型;
3. 了解事故发生的过程,为现场查勘判断事故真实性做准备;
4. 学习接受调度后与客户联系,及时赶赴现场。

三、资讯

(一) 知识链接

机动车辆保险现场查勘又称为机动车辆保险意外事故现场调查,机动车辆保险意外事故包括:自然灾害事故、交通事故(道路交通事故、非道路交通事故)等。机动车辆保险现场查勘是指保险公司查勘人员在机动车辆保险意外事故发生以后,第一时间以事故第一现场(或者第二现场)为中心,根据事故发生的过程、围绕造成事故的原因及后果等问题所进行的一系列调查取证活动。在机动车辆保险意外事故现场查勘活动中,保险公司查勘人员用科学规范的程序、科学的方法和现代技术手段,对机动车辆保险意外事故现场进行实地勘验与查证,包括对事故现场进行拍照、摄像、测量,对在场的事故当事人和目击者进行询问,对现场内外有关情况进行了解并将得到的结果完整、真实、准确地记录下来,并进行初步保险责任判定、事故损失预估和协助当事人组织施救等工作。机动车辆保险现场查勘是整个机动车辆保险理赔程序中的关键一环。查勘人员在第一现场(或者第二现场)掌握的信息基本反映了机动车辆保险事故的性质、是否属于保险责任,它为后续的理赔工作提供了有力的证据和基础,也是有效控制风险、降低赔付率的关键一环。为了真实、准确掌握损失情况,查勘人员应尽可能争取到达第一现场,掌握第一手资料,把握事故处理的主动权。

机动车辆保险意外事故现场查勘是一项时间性、技术性和政策性极强的专业工作。面对机动车辆保险意外事故，承担此项工作的保险理赔工作人员，必须严肃对待，自始至终高度重视，严密组织，科学合理地进行分工合作；高速度、高质量，一丝不苟地做好每一项工作。

机动车辆保险意外事故现场查勘，是公正、客观、严密地查明事故真相的根本措施，是准确认定事故责任，依法正确处理机动车辆保险意外事故的基础和前提。

开展机动车辆保险意外事故现场调查的主要目的在于：

（1）了解机动车辆保险意外事故过程中的主要情节，利用现场的证据，掌握其中关键性的细节，为进一步分析、研究、确定损失，以及进行机动车辆保险意外事故再现收集资料和提供依据。

（2）发现、提取和收集各种痕迹、物证，为判定机动车辆保险意外事故发生原因、认定事故责任以及确定是否保险责任提供必要的证据。

（3）根据查勘情况，结合发现的特殊痕迹、物证，确定损失范围（防止人为损失扩大），判断是否酒后驾驶、故意行为、伪造现场等除外责任范围或欺诈行为。及时向机动车辆保险意外事故处理机关提供肇事逃逸车辆的种类、特征和逃逸方向，为侦破交通肇事逃逸案件提供线索和证据。

（4）协助客户组织现场施救，防止损失进一步扩大，同时为客户提供事故处理咨询，做好客户服务工作，创造公司服务品牌。

（5）收集和积累意外事故资料，为研究和制定机动车辆保险意外事故的风险预防对策及措施提供科学依据，为机动车辆保险险种开发和费率厘定提供参考数据。

总之，现场查勘要求查勘人员做到"主动、迅速、准确、合理"。

1. 保险事故现场

保险事故是指保险合同中载明的危险发生后，所造成的损害或伤害后果。保险事故现场是指保险事故发生并留下后果的具体场地。它包括与该起事故相关的车辆、人、畜及各种痕迹物证所占有的一切空间，它是保险事故调查中最主要的事故信息来源。

2. 事故现场的分类

事故现场通常可以分为第一现场（也称原始现场）和非第一现场（移动现场、伪造现场、逃逸现场），如图2-2所示。

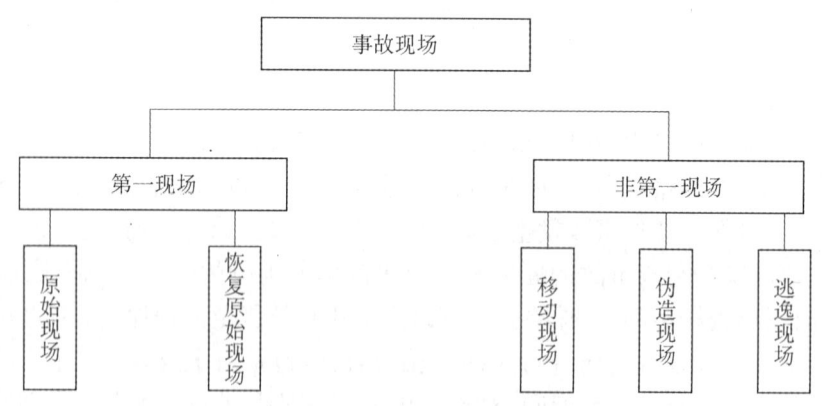

图2-2 事故现场的分类

1）第一现场

（1）原始现场。是指事故发生后，在现场的车辆和遗留下来的一切物体、痕迹等仍保持着事故发生时的原始状态，没有任何改变和破坏的现场，常被称作第一现场。

（2）恢复原始现场。被保险人或当事人为了证明保险事故的真实性，而将保险车辆恢复到保事故发生时的"原始"状态。在保险查勘中,有些被保险人或保险事故当事人对保险人的现场查勘要求不甚了解,以至于对一些单方车损事故没有保存原始现场。而保险人为了规避道德风险,通常要求被告保险人或当事人提供原始现场,就出现了恢复原始现场。

2) 非第一现场

(1) 移动现场,也称变动现场,非第一现场或第二现场,是指事故发生后,由于自然因素或人为原因,致使事故现场原始状态的部分或全部状况改变的现场。移动现场发生变动的原因通常有以下几种情况:

① 抢救伤者。因抢救伤者而移动现场,导致现场的车辆和有关物体的位置发生了改变。

② 保护不善。现场的痕迹被过往车辆和行人碾踏、触动而破坏或消失。

③ 自然影响。因雨、雪、风、冰及风沙等自然因素的影响,造成现场物体上遗留下来的痕迹不同程度地被破坏或完全消失。

④ 特殊情况。是指执行特殊任务的车辆或公安部门一、二级保卫的车辆,出于某些情况的需要而离开现场,或为了保证特殊车辆通行而被公安部门未查勘即被拆除的现场。

⑤ 其他原因。如机动车发生事故后,当事人没有察觉,驾车离开了现场。

(2) 伪造现场,是指与事故有关或被唆使的人员有意改变现场的车辆、物体、痕迹或其他物品的原始状态,甚至对某个部位进行拆卸和破坏,企图达到逃脱罪责或嫁祸于人的目的,从而导致事故现场改变原始状态。

(3) 逃逸现场,是指事故当事人为逃避责任而驾车逃逸,导致事故现场的原貌被改变。

3. 交通事故类型

保险事故一般可以分为:单方事故、双方(多方)事故两种。在查勘理赔工作中,一般情况下,把被保险车辆与其他一辆或多辆机动车之间发生保险合同约定的危险,而造成的损害或伤害后果,称为双方(多方)事故(如两车相撞、三车追尾等事故);仅由一台被保险车辆,而无其他机动车参与导致的损害或伤害后果,称之为单方事故(如被保险车辆与线杆、护栏、树木、房屋等发生的事故)。

另外,在保险理赔工作中,还有一种"无法找到第三者"的事故,该事故损失应该由第三方赔偿,但却无法找到第三方。常见的有"标的车停放中被不明物碰撞(简称为"停放被撞"案件)"、"标的车停放中被砸"等。

(二) 工作实施

查勘准备的基本流程,如图 2-3 所示。

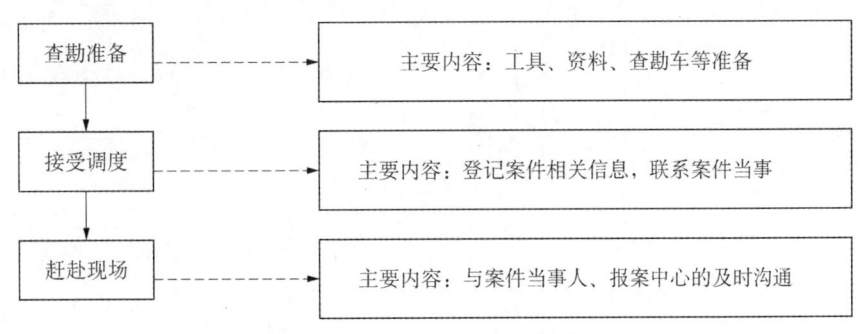

图 2-3 查勘准备的基本流程图

1. 查勘准备

上班前的检查和准备工作是查勘工作的基础,应养成习惯。良好的习惯是保险查勘定损工作顺利开展的重要因素,同时,为保障查勘人员生命安全,尤其要重视查勘车辆安全性能的检查。查勘准备的内容,如图2-4所示。

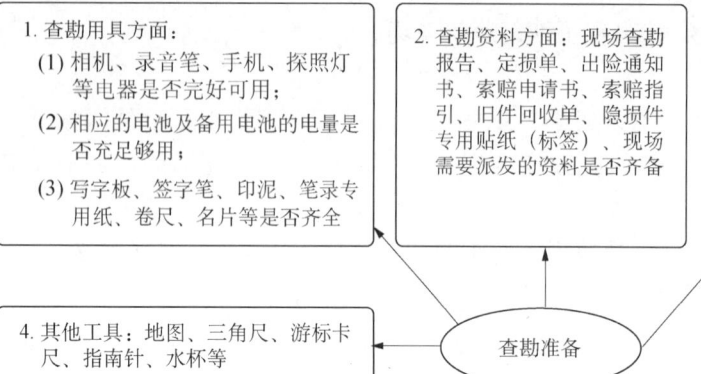

图2-4 查勘准备工作

2. 接受调度

现场查勘员接到呼叫中心的报案调度后重点要了解出险的经过、出险车的承保情况等,初步判断案件的性质,按照案件性质初步拟定查勘要点,主要可分为如下内容:

1) 接受派工

现场查勘员接到呼叫中心调度电话后,进系统查询报案抄单(或条件不允许情况下要求电话中心发送出险及承保情况短信),了解承保信息,出险信息,被保险人、报案号、联系电话、事故双方的车牌号、车型、事故类型、出险时间、地点、出险经过、损失状况、标的车驾驶员姓名,是否报交警等现场基本信息,并做好记录,根据以上信息明确查勘重点,拟定初步查勘方案。

2) 联系客户

现场查勘员接到呼叫中心电话调度后,5分钟之内与客户取得联系,确认是否属于查勘范围,大概了解事故现场情况,明确告知自己现在所在位置,提醒客户在没有到达现场之前应注意的问题,并告诉客户自己到达现场大致所需要的时间;对于调度派工错误的,也必须先与客户取得联系,告诉客户现场处理事项,并立即反馈到电话中心重新派工。接受调度后的工作流程,如图2-5所示。

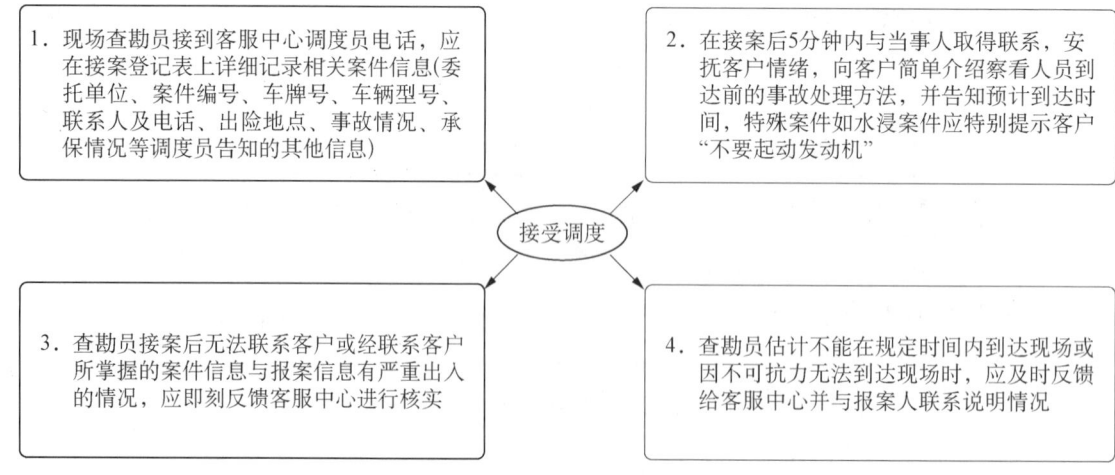

图2-5 接受调度工作流程

3. 系统内查询

登录系统平台,通过查勘平台,按现场查勘要求核查被保险人的投保信息与已结案或临近案件信息(图2-6),以确定是否重复报案、二次虚假报案、重复索赔;查看报案信息,确定事故类型,了解事故发生的过程;通过信息的查询,为现场查勘判断事故真实性做准备。

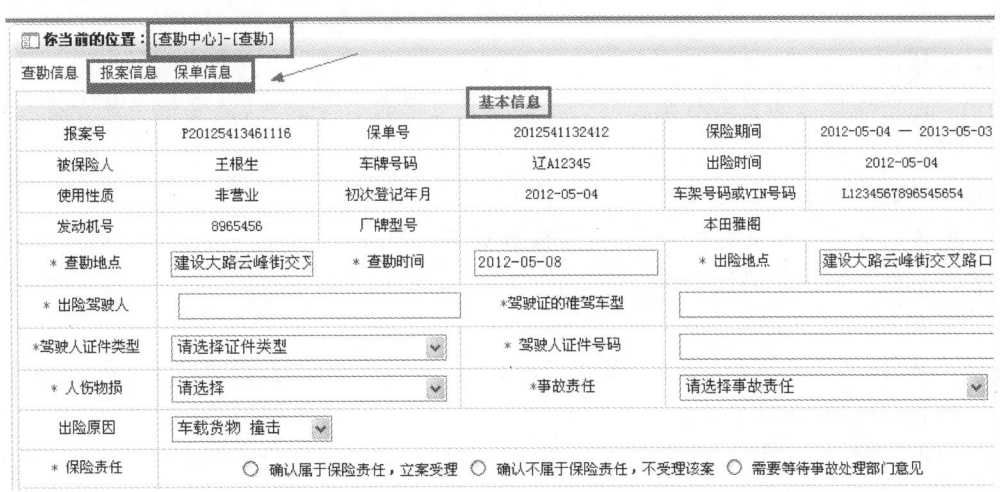

图2-6 查勘平台信息查询界面

4. 赶赴现场查勘

(1) 赶赴现场应注意在安全驾驶和遵守交通规则的前提下尽快达到。

(2) 不能按预约时间或规定时效时间准时到达现场的,应及时和客户联系并约定下一个时间。

四、实训

(一) 实训步骤

步骤	内　　容
1.	情境脚本学习、设计,见"情境设计"
2.	查勘用具的检查
3.	查勘资料的检查
4.	查勘车的检查
5.	其他用具的检查
6.	系统内查询投保信息、报案信息、关联案件信息

(二) 情境设计

1. 案例引入

2013年2月19日,王先生早上驾驶标的车沪AB6666行驶在上班的路上。由于前一天晚上下雪,路面湿滑。在行驶到申滨路与仙霞西路交汇处,避让一行人时,刮到路边的路灯杆上,造成标的车右前部受损,发生了本次交通事故,客户向保险公司报案,查勘员接到任务调派。

2. 情境对话

查勘员联系客户

（了解确定现场方向（行驶路线）及案情情况。）

查勘员：您好，王先生（女生），我是×××保险公司查勘员，负责为您查勘现场，您的车在哪里发生事故？

客户：是的，在申滨路（小区）。

查勘员：是申滨路与仙霞西路交汇处吗？具体发生了什么事故？（需要核实是否有人员受伤）

客户：与路灯杆相撞。

查勘员：您的车哪个部位受损了？

客户：我车的右前部刮到路灯杆上，前保险杠脱落了。

查勘员：路灯杆有损坏吗？

客户：没有。

查勘员：好的，您现在还在现场吧，请保护好现场，请您注意安全，设置好安全警示牌。

客户：好的，你们什么时候过来？

查勘员：请您稍等，不要着急。我正在赶往您那里的路上，大约20分钟到，如有需要请打这个号码及时与我联系。

客户：好的。

3. 工具

查勘工具：查勘包、相机、手机、录音笔、出险通知书、索赔申请书、现场查勘报告、简易赔案确认书、笔录专用纸、印泥、签字笔、写字板、易碎贴、查勘车、地图、探照灯、反光背心、电脑、M-AI车险业务综合实训系统。

交通工具尤其重要，这是时效的保证，查勘员应该在出车前（或交车时）检查车辆是否完好，车辆应处在最优工作状态；检查查勘用具是否完好，电池是否充电；检查查勘资料是否齐全，数量是否充足。查勘员应养成良好的工作习惯，提前做好查勘准备，时刻待命，随时准备出发。

4. 场地

车险理赔综合实训道场。

5. 情境考核

考核项目	教师评判
查勘用具	相机☐ 电话☐ 录音笔☐ 印泥☐ 写字板☐ 签字笔☐ 用电设备电池☐
查勘资料	出险通知书☐ 索赔申请书☐ 现场查勘报告☐ 简易赔案确认书☐ 笔录专用纸☐
查勘车	外观☐ 油量☐ 仪表灯☐ 车上用具☐ 行驶性☐ 转向性☐ 制动性☐
其他资料	地图☐ 三角尺☐ 易碎贴☐ 探照灯☐ 反光背心☐
联系客户	及时☐ 不及时☐ 用语规范☐ 用语不规范☐
系统内查询	保险信息☐ 报案信息☐ 关联案件信息☐

任务 2　到达现场

一、学习目标

1. 能够查明事故的真实性；
2. 能够查清损失情况；
3. 能够帮助客户解除突发事故带来的困扰，提升客户满意度。

二、学习内容

1. 学习怎样核实标的车及承保情况；
2. 学习怎样核实证件相关信息。

三、资讯

（一）知识链接

1. 现场处理

（1）到达查勘地点后，应确认现场环境是否处于安全状态，发现特殊情况，应及时向调度中心反馈。

（2）如果保险标的车尚处于危险中，应立即协助客户采取有效的施救和保护措施，避免损失扩大。

查勘人员到达事故现场后，如果保险标的车尚处于危险中，应立即协助客户采取必要有效的抢救方法、保护措施，以避免损失的扩大。有人伤案件和损失较大案件应协助客户报执法部门或医疗机构处理；特殊案件如水淹车、火烧车等应指引或协助客户进行排水、灭火施救工作；在现场无法撤离的，需要拖车撤离。

（3）有人员伤亡的、造成道路交通设施损坏的、不符合自行协商处理范围的，应提醒、协助客户向交通管理部门报案，并保护现场。

（4）因阻碍交通无法保护现场的，查勘员可允许驾驶员将车移至不妨碍交通的地点，在附近等候查勘；若查勘员无法在合理的约定时间赶到现场的，可商定受损车辆到指定定损点进行第二现场查勘，若有必要可约定时间回出险地补看复位现场。（是否符合快速处理）

2. 了解核实肇事驾驶人、报案人的情况

（1）查验肇事驾驶人和报案人的身份，核实报案人、驾驶人与被保险人的关系。

（2）注意驾驶人员是否存在饮酒、醉酒、吸食或注射毒品、被药物麻醉后使用保险车辆情况，是否存在临时找他人顶替真实驾驶人员的情况。

（3）驾驶证是否有效，一般指驾驶证正页上有效日期是否过期；驾驶的车辆是否与准驾车型相符；驾驶人员是否是被保险人或其允许的驾驶人；驾驶人员是否为保险合同中约定的驾驶人；特种车驾驶人是否具备国家有关部门核发的有效操作证；营业性客车的驾驶人是否具有国家有关行政管理部门核发的有效资格证书。

3. 核验事故车辆证件信息

（1）确认保险标的车辆信息。查验事故车辆的保险情况，车牌号码、牌照底色、发动机号、VIN码（车架号）、车型、车辆颜色等信息，并与保险单、证（批单）以及行驶证所载内容进行核对，确认是否就是承保标的车。

（2）查验保险车辆的行驶证。查验行驶证是否有效，一般指行驶证副页是否正常年检；行驶证车主与投保人、被保险人不同的,车辆是否已经过户;已经过户的,是否经保险人同意并通过批单对被保险人进行批改。

(3) 查验第三方车辆信息。涉及第三方车辆的,应查验并记录第三方车辆的号牌号码、车型,以及第三方车辆的交强险保单号、驾驶人姓名、联系方式等信息。

(4) 查验保险车辆的使用性质。车辆出险时使用性质与保单载明的是否相符(两种常见的使用性质与保单不符的情况:①营运货车按非营运货车投保;②非营运乘用车从事营业性客运);是否运载危险品;车辆结构有无改装或加装;是否有车辆标准配置以外的新增设备(详见交通管理部门《机动车登记规定》)。

4. 勘查事故现场情况

1) 核实出险时间

对出险时间是否在保险有效期限内进行判断,对接近保险起讫期出险的案件,应特别慎重,认真查实。对出险时间和报案时间进行比对,是否超过48小时。了解车辆启程或返回的时间、行驶路线、委托运输单位的装卸货物时间、伤者住院治疗的时间等,以核实出险时间。

2) 核实出险地点

查验出险地点与保险单约定的行驶区域范围是否相符;是否是营业性修理场所;是否擅自移动现场或谎报出险地点。

3) 核实出险原因

出险原因就按保险责任列明,如碰撞、倾覆、火灾等。一般情况下,应依据公安、消防部门的证明来认定出险原因。并结合车辆的损失状况,对报案人所陈述的出险经过的合理性、可能性进行分析判断,积极索取证明、收集证据;注意驾驶人员是否存在醉酒或服用违禁药物后驾驶机动车的情况(特别是节假日午后或夜间发生的严重交通事故);是否存在超载情况(主要是涉及大货车的追尾或倾覆事故,需要对货物装载情况进行清点);是否存在故意行为(一般是老旧车型利用保险事故更换部分失灵配件或者已经索赔未修理车辆通过故意事故重复索赔);对于调度提示出险时间接近的案件,须认真核查两起报案中事故车辆的损失部位、损失痕迹、事故现场、修理情况等,确定是否属于重复索赔。

4) 查明事故发生的真实性,严防虚假报案

发生碰撞的,要观察第一碰撞点的痕迹,是否符合报案人所称的与碰撞物碰撞后所留痕迹,比如因碰撞物的不同,碰撞点往往会残留一定的灰屑、砖屑、土屑、油漆等;发生运动中碰撞的,要重点考虑碰撞部位,比如追尾事故因后车在碰撞时紧急制动会导致车头下沉,受损部位往往在保险杠以上更为严重;要对路面痕迹进行仔细观察,保险车辆紧急制动时会在路面留有轮胎摩擦的痕迹,有助于判断车辆发生碰撞前的行驶轨迹。对存在疑点的案件,应对事故真实性和出险经过进一步调查,可查找当事人和目击者进行调查取证,并作询问笔录。如被保险人未按条款规定协助保险人勘验事故各方车辆,证明事故原因,应在查勘记录中注明。

5. 估计事故损失情况

1) 车辆及财产损失情况

查明受损车辆、货物及其他财产的损失程度,估计事故涉及的各类损失金额,按查勘任务对应的损失标的为单位记录估损金额。

2) 人员伤亡情况

首先,明确伤亡人员的关系,是本车人员还是涉案三者人员,他们的姓名、性别、年龄,他们与被保险人、驾驶员的关系以及受伤人员的受伤程度;其次,了解伤亡人员的入住什么医院。这些都是为医疗核损人员提供查勘核损的原始依据。

3）施救费用情况

对事故尚未控制或保险车辆及人员尚处在危险之中的，应采取积极的施救、保护措施。

施救费用是指当保险标的遭遇保险责任范围内的灾害事故时，被保险人或其代理人、雇用人员等采取必要、合理的措施进行施救，以防止损失的进一步扩大而支出的费用。

6. 初步判断保险责任

1）对事故是否属于保险责任进行初步判断

应结合承保情况和查勘情况，分别判断事故是否属于机动车交通事故责任强制保险或商业机动车保险的保险责任，对是否立案提出建议。对不属于保险责任或存在条款列明的责任免除的、加扣免赔情形的，应收集好相关证据，并在查勘记录中注明。暂时不能对保险责任进行判断的，应在查勘记录中写明理由。

2）初步判断责任划分情况

交警部门介入事故处理的，依据交警部门的认定；当事人根据《交通事故处理程序规定》和当地有关交通事故处理法规自行协商处理交通事故的，应协助事故双方协商确定事故责任并填写"协议书"（对当事人自行协商处理的交通事故，如发现责任划分明显与实际情况不符，缩小或扩大责任的，应要求被保险人重新协商或由交警出具"交通事故认定书"）。

(二) 工作实施

查验相关信息主要包括"车"、"证"、"人"、"路"、"货"，如图2-7所示。

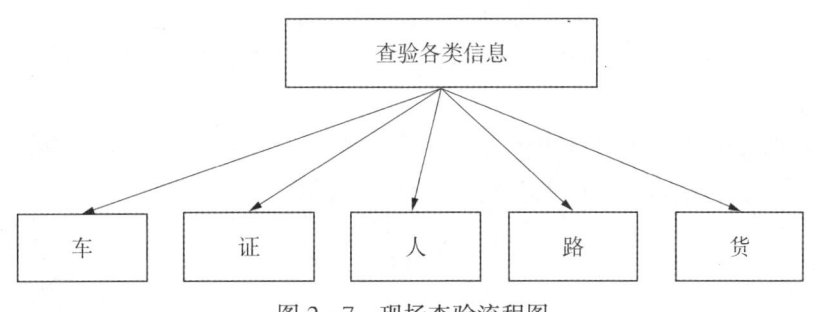

图2-7 现场查验流程图

1. 车（查验事故车辆是否属于承保标的）

1）车辆类型、型号

主要通过比照行驶证正本上记载的车辆类型、型号与保单承保的车辆类型、型号是否相同。以便查验出险车辆是否为保险公司允许承保的车辆类型。

2）汽车的结构及配置

查验汽车的款式、内外颜色、方向盘左右形式，采用燃料的种类、变速器的形式、倒车镜及门窗的运动方式、驱动方式、冷媒的品种等是否符合该车的出厂规定或登记档案。这些都是为一些冷僻车型的定损做准备的。

3）是否改装

现在的部分私家车主，非常热衷于对自己爱车的改装。汽车自行改装，有可能破坏了原有的性能，影响了行车的安全。严格说来，改装内容偏多，或者改装部位涉及行车安全的汽车，已经不再具有原承保车辆的合法意义了。

2004年颁布的《机动车登记规定》第十七条规定，有下列情形之一，在不影响安全和识别号牌的情况下，机动车所有人可以自行变更：

(1) 小型、微型载客汽车加装前后防撞装置；
(2) 货运机动车加装防风罩、水箱、工具箱、备胎架等；
(3) 机动车增加车内装饰等。
(4) 除此以外的其他项目均不允许改动。绝对不允许改动的项目为：汽车的外形、结构、颜色等。几乎所有的机动车辆保险条款都规定，在保险期限内，保险车辆改装、加装，导致保险车辆危险程度增加的，应当及时书面通知保险人。否则，因保险车辆危险程度增加而发生的保险事故，保险人不承担赔偿责任。

常见非法改装形式：
(1) 增加货车栏板高度；
(2) 加大货车轮胎；
(3) 增加钢板弹簧的片数或厚度；
(4) 增加车厢长度；
(5) 开天窗；
(6) 乘用车安装行李架；
(7) 仿古婚车。

4) 核实车辆的使用性质

(1) 核实保险车辆出险时使用性质与保单、批单是否相符，以及是否运载危险品，车辆结构有无改装或加装。
(2) 对于运输车辆，注意核实车辆装载情况，查看车辆载客人数、货物重量、高度等，并索要货单、发票等进行拍照取证。
(3) 对在保险期限内，因保险车辆改装、加装或非营业用车辆从事营业运输等导致保险车辆危险程度增加的，应在"查勘报告"中详细记录并做好取证工作。

2. 证件及单证核对

1) 核对保险卡

保险卡的核对注意事项，如图2-8所示。

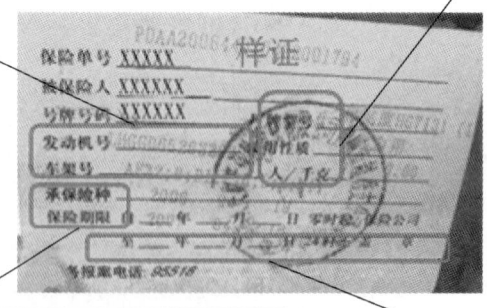

图2-8 保险卡审核

2) 审核行驶证正页

行驶证的核对注意事项,如图 2-9 所示。

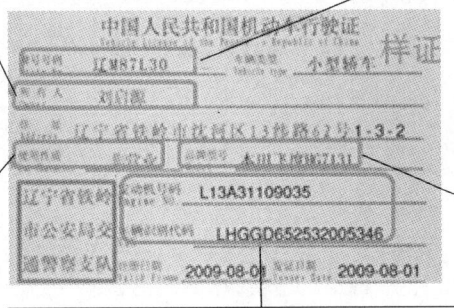

图 2-9　行驶证正页审核

3) 审核行驶证副页

行驶证副页的核对注意事项,如图 2-10 所示。

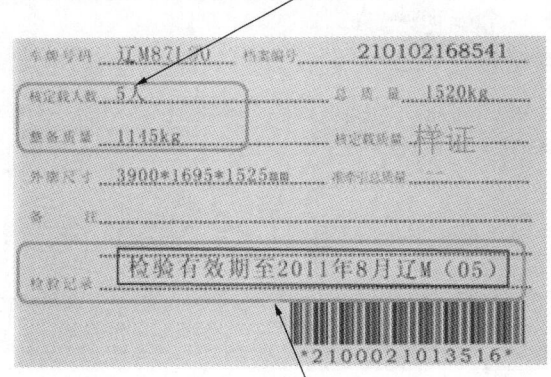

图 2-10　行驶证副页的审核

4）驾驶证审核

驾驶证的核对注意事项，如图2-11所示。

核对驾驶人员姓名、准驾车型，注意检验驾驶证是否有效，检验驾驶人员是否是被保险人或其允许的驾驶人员或保险合同中约定的驾驶人员；驾驶人与被保险人不是一人时，要询问其与被保险人的关系和被保险人的电话并记录

对驾驶营业性客车的驾驶人员要查验是否具有国家有关行政管理部门核发的有效资格证书

特种车出险要查验是否具备国家有关部门核发的有效操作证

对在保险合同中约定驾驶人员的，出险时要进行核对，若系非约定的驾驶人员驾驶保险车辆发生事故，应在"查勘报告"中注明，以便理算时确定免赔率

图2-11　C1驾驶证审核

注：C1驾驶证年限的审核，在驾驶证副页有明确的驾驶证有效期（换证日期）。

5）A、B驾驶证审核（新证）

新版A、B驾驶证的核对注意事项，如图2-12所示。

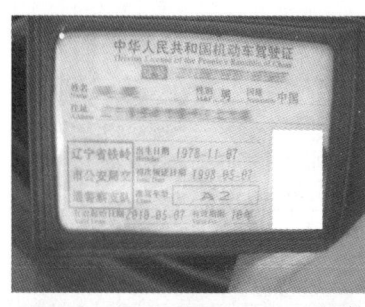

A、B驾驶证有效期审核，要求必须进行体检，否则驾驶证无效。A、B驾驶证新证，直接在副页进行提示，要求体检，在副页背面直接盖章审核。审核体检是否在有效期内

图2-12　新版A、B驾驶证的审核

6）A、B驾驶证审核（旧证）

旧版A、B驾驶证的核对注意事项，如图2-13所示。

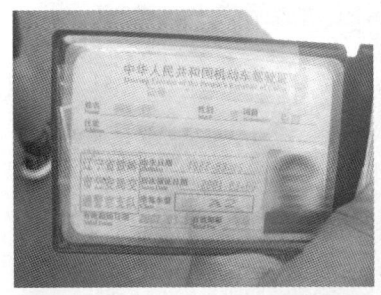
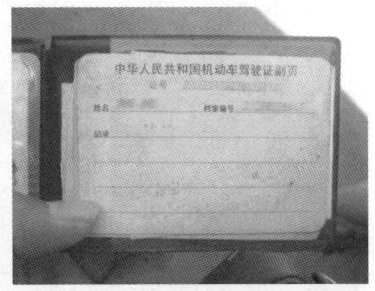
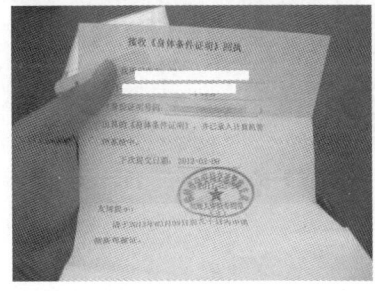

图 2-13　旧版 A、B 驾驶证的审核

7) 交通事故责任认定书核对

交通事故责任书的核对注意事项,如图 2-14 所示。

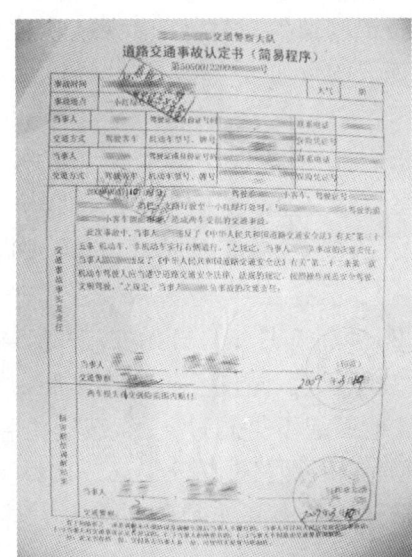
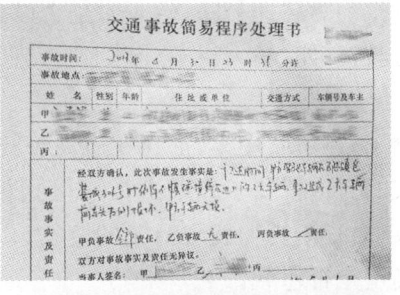
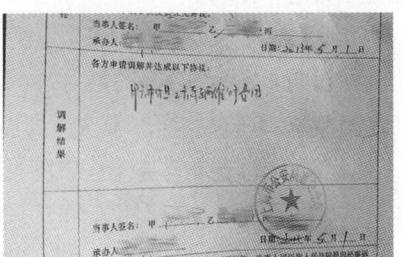

图 2-14　交通事故责任认定书的审核

8) 营运性质驾驶员准驾证的审核

营运性质驾驶员准驾证的核对注意事项,如图 2-15 所示。

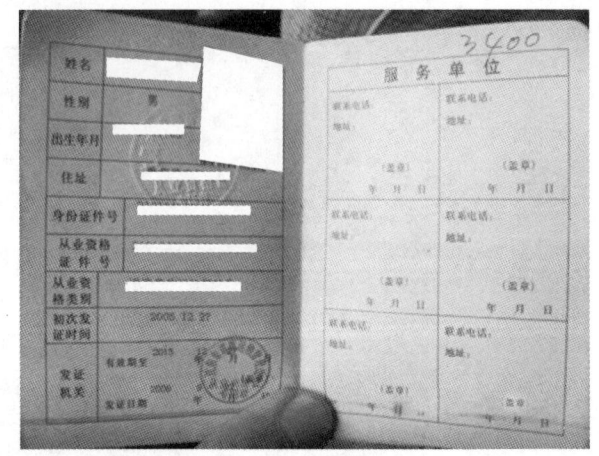

图 2-15 准驾证的审核

注:审核准驾资格及有效期。

3. 人(驾驶员核验)

车辆出险后,查勘人员要尽快确定:谁是真正的驾车人、驾车人是否为合格驾驶员、驾车人是否为车主允许的驾驶员、驾驶员所驾车型是否为准驾车型、驾车人是否为保单约定的驾驶员、驾车人是否为酒后或服用违禁药物后驾车、驾车人身份证。

4. 路(道路行驶资格)

如果事故发生地为高速公路,驾车人是否已具备上高速公路行驶的资格?发生事故时,车辆是否在免责路况行驶?(如:晴天将车开进水坑,造成损失的行为。)

5. 乘员、货物(是否超载)

无论是乘用车,还是商用车,都存在违规装载的现象。大客车的追尾,货车的倾覆,多数是因为违规装载所造成的。这就要求查勘人员在接到报案之后,应该尽快到达事发现场。通过对大客车现场乘客的清点,对货车货物装载情况的查验,以及每件货物重量的估算,运单或货单上的货物重量记载等方式确定是否超载。

《中华人民共和国道路交通安全法实施条例》(2004年5月1日开始实施)第54条规定:"机动车载物不得超过机动车行驶证上核定的装载质量,装载长度、宽度不得超出车厢,并应当遵守下列规定:(一)重型、中型载货汽车,半挂车载物,高度从地面起不得超过4米,载运集装箱的车辆不得超过4.2米;(二)其他载货的机动车载物,高度从地面起不得超过2.5米;(三)摩托车载物,高度从地面起不得超过1.5米,长度不得超出车身0.2米。两轮摩托车载物宽度左右各不得超出车把0.15米,三轮摩托车载物宽度不得超过车身"。

四、实训

(一)案例分析

【案例】2013年×月×日,王先生早上驾驶奥峰牌货车行驶在×××路上,在行驶到××路与××路红绿灯交叉口,与左侧一小客车来车发生碰撞,造成两车不同程度受损,向保险公司报案,查勘员接到任务调派,到达现场,如图2-16所示。

图 2-16 两车相擦事故

点析：这个交通事故我们到了现场，要注意哪些环节？

（1）现场环境。该事故现场是否能够造成该事故的发生。注意要观察和询问核实两车的行驶方向，以及当时的红绿灯情况。是谁的过错，这是判定交通事故责任的根本依据。

（2）现场安全情况。在事故发生后涉事车辆的后方50米应该安放危险警示标志或障碍物，已提醒来车注意安全，保证事故现场周围的安全。该事故现场是临靠路旁，应该是安全的。

（3）车辆信息核实。根据保险信息××货车是辆营运车辆，驾驶司机应该要持有营运证，当事司机没有。驾驶证和行驶证核验有效。

（4）车辆损坏情况。现场两车需要施救吗？不需要。有人伤？没有。两车均有不同程度的损坏。

（5）谁的责任？通过询问当事人和现场行驶轨迹及现场交警的勘验，根据这两车行驶路线及违章情况来判定（按照我国《道路交通法》和《道路交通事故处理条例》）。

（二）实训步骤

步骤	内　　容
1.	情境脚本学习、设计，见"情境设计"
2.	核实是否需要施救
3.	核实是否有改装
4.	核实证件及单证

(三) 情境设计

1. 案例引入

2013年2月19日,王先生早上驾驶标的车沪AB6666行驶在上班的路上,由于前一天晚上下雪,路面湿滑。在行驶到申滨路与仙霞西路交汇处,避让一行人时,由于路面较滑,刹车不及,刮到路边的路灯杆上,造成标的车右前部受损,向保险公司报案,查勘员接到任务调派。到达现场,审核相关信息。

2. 情境对话

到 达 现 场

查勘员：你好,我是××保险公司查勘员张××。

客户：你好。

查勘员：请出示您的保险卡或是保单,以及驾驶证、行车证。

客户：好的。

3. 工具

事故车、驾驶证、行车证、保险卡或保单、准驾证、照相机。

4. 场地

车险理赔综合实训道场。

5. 情境考核

考核项目	教师评判
确认是否需要施救	是□　否□
确认是否有改装	是□　否□
是否核实保险信息	是□　否□
是否核实相关证件	驾驶证□　行车证□　准驾证□
确认是否属于保险责任	是□　否□　部分属于□

任务3 现场查勘拍照

一、学习目标

1. 能够对事故现场进行判断,确定事故损失范围;
2. 能够按照要求,对现场进行拍照取证;
3. 能够对现场取证照片进行整理、说明。

二、学习内容

1. 学习查勘现场注意事项;
2. 学习事故现场拍照技术;
3. 学习照片整理。

三、资讯

(一) 知识链接

1. 现场查勘目的

现场查勘是用科学的方法和现代技术手段,对交通事故现场进行实地验证和查实,公正、客观、严密地查明事故真实性,将所得的结果完整、准确地记录下来的工作过程。现场查勘是查明交通事故真像的根本措施;也是分析交通事故的原因和认定事故责任的基本依据;更是准确认定事故责任和保险责任,确定事故损失程度和保险赔偿金额的基础和前提,直接影响到保险合同双方当事人的利益。

1) 定性

确定事故的真实性,判断事故发生的可能性,查明是否伪造现场。

2) 定责

确定被保险车辆的事故责任和保险责任范围。无交警处理的案件应判明被保险车辆的事故责任比例;有交警处理或指引客户报交警、派出所等执法部分处理的案件(称之为"警检"案件),相关事故责任以执法部门认定为准。同时结合保险合同及相关法规,确定事故是否属于保险责任范围。

3) 定损

确定事故的损失项目并预估损失金额。

2. 现场查勘主要工作

现场查勘工作必须由二位以上查勘定损人员参加,尽量查勘第一现场。如果第一现场已经清理,必须查勘第二现场,调查了解有关情况。现场查勘的主要内容如下:

1) 查明出险时间

为核实出险时间,应详细了解车辆启程或返回的时间、行驶路线、伤者住院治疗的时间,如果涉及车辆装载货物出险的,还要了解委托运输单位的装卸货物时间等。对接近保险起止时间的案件应特别注意查实,排除道德风险因素。

2) 查明出险地点

对擅自移动出险地点或谎报出险地点的,要查明原因。

3）查明出险车辆情况

查明出险车辆的车型、牌照号码、发动机号码、车架号码、行驶证,并与保险单或批单核对是否相符,查实车辆的使用性质是否与保险单记载的一致。如果是与第三方车辆发生事故,应查明第三方车辆的基本情况。

4）查清驾驶员情况

查清驾驶员姓名、驾驶证号码、准驾车型、初次领证时间等。注意检查驾驶证的有效性,当事人是否是被保险人或保险人约定等。

5）查明事故原因

这是现场查勘的重点。要深入调查,利用现场查勘技术进行现场查勘,索取证明,收集证据,全面分析。凡是与事故有关的重要情节,都要尽量收集以反映事故全貌。对于所查明的事故原因,应说明是客观因素还是人为因素,是车辆自身因素还是车辆以外因素,是违章行驶还是故意违法行为等。当发现是酒后驾车、驾驶证与所驾车型不符等嫌疑时,应立即协同公安交通管理部门获取相应证人、证言和检验证明等。对于重大复杂或有疑问的理赔案件,要走访有关现场见证人或知情人,了解事故真相,做出询问记录,载明询问日期和被询问人地址并由被询问人确认签字。对于造成重大损失的保险事故,如果事故原因存在疑点难以断定的,应要求被保险人、造成事故的驾驶员、受损方对现场查勘记录内容确认并签字。

6）施救整理受损财产

现场查勘人员到达事故现场后,如果险情尚未控制,应立即会同被保险人及其有关部门共同研究,确定施救方案,采取合理的施救措施,以防损失进一步扩大。保险车辆受损后,如果当地的修理价格合理,应安排就地修理,不得带故障行驶;如当地修理费用过高需要拖回本地修理的,应采取防护措施,拖拽牢固,以防再次发生事故;如果无法修复的,应妥善处理汽车的残值部分。

7）核实损失情况

查清受损车辆、承运货物和其他财产的损失情况及人员伤亡情况,查清并确定事故各方所承担的事故责任比例,确定损失程度。同时应核查保险车辆有无重复保险情况,以便理赔计算时分摊赔款。

现场查勘结束后,查勘人员应按照上述内容及要求认真填写现场查勘记录。如果可能应力争让被保险人或驾驶员确认签字。

（二）工作实施

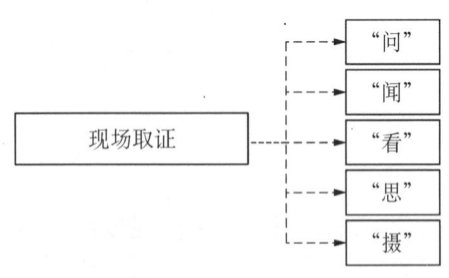

图2-17 现场取证流程图现场查勘的取证过程

现场取证实际上是一个查清损失原因、损失情况调查取证的过程。可以通过"问"、"闻"、"看"、"思"、"摄",如图2-17所示。

1. 问

查勘人员到达事发现场以后,应该向当事人和目击者询问一系列的相关情况。

1）出险时间

应该仔细核对公安部门的证明与当事人的陈述时间是否一致。对于有疑问的细节,要详细了解车辆的启程时间、返回时间、行驶路线、伤者住院治疗时间、货物运单情况。如果发现两者时间确实不一致,要及时去公安部门核实或者向当地群众了解;对接近保险起讫期出险的案件,应特别慎重,认真查实。

2）出险地点

确定出险地点的目的是为了确定车辆是否超出了保单所列明的行驶域(如教练车),是否属于在责任免除地(如营业性修理场所、收费停车场等)发生的损失。

3) 出险原因

根据保险事故的一般界定,造成损失的原因必须是"近因"。一般情况下,该依据公安、消防部门的证明来认定出险原因。

4) 出险经过

叙述出险经过与原因时,原则上要求驾驶员本人填写(驾驶员本人不能填的,要求被保险人或相关当事人填写),并将其填写的出险经过与公安交通部门的事故证明(如责任认定书)进行对比,两者应基本一致。如出现不一致,原则上以公安部门的证明为据。

5) 财产损失情况

财产损失包括以下四个方面:保险车辆车损情况、保险车辆车上损、第三者车损情况、第三者物损。

6) 人员伤亡情况

查勘人员伤亡情况时,首先要明确本车伤亡人员的相关信息:姓名、性别、年龄、与被保险人之间的关系、与驾驶员之间的关系、受伤人员的受伤程度。其次要明确对方车上伤亡人员的相关信息:姓名、性别、年龄、受伤人员的受伤程度。这些信息将为医疗核损人员查勘、核损时提供有利的原始依据。

7) 施救费用

某些案例的施救费用可能极高,如在山区行驶的车辆翻入山沟后的施救费用;私家车自驾游被困森林,人逃出,车被困,重返森林的施救费用。查勘人员应该在施救结束后及时了解这笔费用实际发生的额度。

2. 闻

在交通事故现场中,某些事故现场会存在(或散发出)一些气味,这些特殊的气味往往可以成为事故发生时间事实的佐证线索。例如,汽车安全气囊爆炸后,驾驶室内会散发出一种呛鼻的硝烟味,这种气味可以持续在1小时之内。

还有驾驶室内的酒气味、空调冷媒泄漏的味道等等。这些气味都可以有效地成为交通事故调查有利的线索。

3. 看

查勘人员来到事发现场后,要仔细观察车辆及周围情况,弄清导致事故发生原因。

1) 观察驾乘人员

观察驾乘人员是否存在神色慌张,似乎想掩盖某些事实的迹象,是否存在称报的驾驶员并非实际驾车人的可能。

2) 观察路况

保险车辆所在的路段,是否可以造成已经发生了损失的事故;该路段是否存在不允许保险车辆通行的规定。

3) 观察受损情况

车辆状况是否符合正常行驶的要求,车辆所在位置是否在事故发生后被人为挪动过。如果发生了火灾,要寻找起火部位,观察烧损情况,初步界定汽车是否属于自燃。如果发生了水损,要观察事发地是否会造成已经发生了的损失,是否不属于保险责任。如果发生了盗抢,要首先观察事发地是否属于收费性的营业场所。如果发生了碰撞,要首先观察第一碰撞点的痕迹,是否符合报案人所称的与碰撞物碰撞后所留的痕迹:正面碰撞的第一接触点应该是保险杠,如果碰树,会粘有树皮;如果碰电线杆,会粘有灰屑;如果碰墙,会粘有土屑、砖屑;如果碰护栏,会粘有油漆等。

4. 思

查勘人员对于自己所听到、嗅到、观察到的各种现象,要进行认真分析,通过各种现象的相互佐证,运用自己的专业知识,分析出眼前事故的真实原因。

例如,某交通事故发生追尾事故,导致后车车前部损坏严重,安全气囊破裂,那么,这个案件,查勘员到达现场后,通过上述几个方法环节,发现以下几个问题:①根据当时司机陈述,案发时间是在查勘员接到报案前的半个小时,由于前方车辆急刹车,造车本次事故;②查勘员在驾驶室内没有闻到有硝烟的异味、但却有一股酒气味道,而司机身上没有酒气味;③查勘员用手去摸看气囊发现气囊布面痕迹比较杂乱,对于这些情况,查勘员需要考虑什么呢? 这个案子是否存在疑虑——有酒后驾驶或司机调包之嫌疑。

5. 摄

为了如实反映事故现场的真实情况,作为整个保险事故理赔的依据和证据,现场查勘人员应当仔细拍摄事故现场每个必要的细节,记录损失情况。现场拍摄的照片,不仅是赔款案件的第一手资料,而且也是查勘报告的旁证材料。现场拍照是指在事故发生的地点以及与事故有关的一切场所,用摄影纪实的方法,将现场的状况、痕迹物证、物与物之间的位置和相互之间的关系,按照现场勘验的要求和规定,迅速、准确、真实无误地拍摄下来,为分析事故现场、研究事故发生的原因提供可靠的资料。

1) 现场查勘拍照的原则

按照现场方位—概貌—重点部位—细微之处的基本顺序拍照;先拍摄原始状况,后拍摄变动状况;先拍摄路面痕迹,后拍摄车、物痕迹;先拍摄易破坏、易消失的痕迹,后拍摄不易破坏和消失的痕迹。

2) 现场查勘拍照方式

一般现场拍照包括方位摄影、概览摄影、中心摄影和细目摄影4种方式,如图2-18所示。

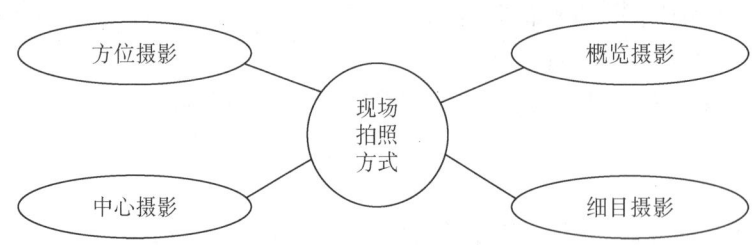

图2-18 现场拍摄方式

(1) 方位摄影。反映现场的整体状况,是以事故现场所处的环境为拍摄对象,反映现场在周围环境中的方向、位置以及与周围景物的关系。

① 拍照要求及注意事项

拍照要反映现场外围的环境情况,如现场周围的山坡、桥梁、树木、建筑物,以及道路的走向和形态等。拍照时应寻找永久存在、有代表性的物体,一起拍照在画面中。拍照的范围应尽可能地大一些。要准确地反映出现场的位置,拍照范围越大,显示的位置越准确。根据取景构图的原则,取景时应把现场所在地放在画面中明显突出的位置上,拍照范围内各个物体影像比例要恰当,要符合透视规律。要看清现场的全貌,前后物体不能互相遮挡,主要物体不能变形。

② 拍摄要求

a. 适当使用广角镜头。注意防止变形。

b. 采用回转连续拍照法。

c. 选择较高较远的拍照点。

总之，一是要点明位置，常采用周围环境物体或永久性标志物作参照；二是要反映周围环境，常以足够高、足够远、足以说明问题的拍摄点进行拍摄；三是克服简单化，选择角度和采用照片张数应以足够说明问题为原则；四是在以接片形式拓宽视野时，为了安排重点部位于照片中央而又要避免接缝可能对重点部位造成影响，常以三张（或更多）照片进行组合，并着重考虑多张照片的构图。

（2）概览摄影。现场概览摄影是以整个事故现场为拍照对象，反映现场的全貌以及现场内部各物体之间的相互关系。第一、反映现场的范围。拍照时，取景范围以现场的大小为准，现场多大，就要拍多大，反映现场的完整全貌，既不要扩大，更不要遗漏。第二、反映现场内部各物体之间的相互关系。既要准确反映出现场内部各个物体的具体位置，又要反映出它们之间的相互位置关系。

拍照要求及注意事项：

① 根据取景构图突出主题的要求，现场中的主要物体和主要地段。如车辆、地面痕迹、发生碰撞接触的客体等，应安排在画面中明显突出的位置上，使人看过照片后能有一个明确的概念。

② 照片要明确反映出事故性质和特点，不能含糊其词。如翻车事故、撞车事故、单方事故等，从照片上要清楚地反映出来，一目了然。

③ 现场概貌照片记录的是现场的全部状况，而不是一个局部。拍照时，务必拍下现场的全貌，如果一张拍不完整，可以谨慎地运用回转连续照相法拍照。注意防止错位变形。

④ 由于拍照距离较近，因此要选择恰当的拍照点，避免物体相互遮挡。如果一张照片不足以完整地反映整个现场状况，可采用相向拍照法或多向拍照法，来反映现场各个侧面的具体状况。

通常情况下，在查勘现场拍摄时，分现场位置和现场概貌两种情况：①现场位置。如果现场存在能够表示现场位置的物体，如界碑、里程碑、百米桩、电线杆等物体，尽可能将其摄入镜头，现场位置拍照还应该反映现场在道路上的具体位置，如在坡顶、坡底还是坡道中段；进入弯道还是在弯道中间；是在交叉路口中间，还是路口入口处；②现场概貌。从照片上能反映出现场范围大小、现场物体的种类和数量、路宽、路面性质等，反映出事故形态——碰撞、碾压、翻车等和事故现场有关的车辆、伤亡人员、物体的位置、状态等。往往方位拍摄与概览拍摄可以二合为一，只要能够足够反映这两个方面的内容就可以。

（3）中心摄影。中心摄影是指以事故接触点为中心，拍摄事故接触的各部位及其相关部位，以反映与事故相关的重要物体的特点、状态和痕迹特点。当拍摄现场的中心地段时，宜采用中心摄影方式。

拍照要求及注意事项：

① 拍照的照片质量要高。现场中心部位照相一般都是近距离拍照，要保证拍出的照片高质量，应尽可能做到以下几点：

a. 尽量用标准镜头拍照；

b. 调焦清晰，并尽量用小光圈拍照；曝光准确，并尽量使用中速片或低速片；

c. 保持相机稳定不抖动。

② 拍照的重点部位照片数量要多。在一个事故现场，重点部位常常不止一个，在拍照时，要求对每一个重点物体或者重要地段都要一一拍照（按照一定顺序），有多少重点部位，就要拍出多少照片，并且要求拍好，不能怕麻烦图省事。

③ 现场的中心或关键部位，要用照片说明两个物体之间的相互作用关系。如两车相撞，要用一张照片说明两车的相对位置及相撞接触点等。

④ 正确选择每一个拍照点。近距离的拍照,拍照点的选择非常重要,操作时一般应掌握两点:

a. 选取有代表性的侧面进行拍照。如肇事车辆,既要拍照其车头正面,又要顾及其车身侧面,更要拍照其碰撞损坏的侧面。如果一张拍不完整,可选用相向或多向拍照法进行拍照。

b. 防止物体产生变形。长条形物体,如刹车痕迹,要从与其垂直的方向拍照,而不能从与其平行的方向拍照。

(4) 细目摄影。当需要拍摄事故现场的各种痕迹、物证,以反映其大小、形状、特征时,需要采用细目摄影。细目摄影的部位包括:事故车辆和其他物体接触部分的表面痕迹,用以反映事故原因;物体痕迹,如事故车辆的制动拖印痕迹、伤亡人员的血迹、机械故障的损坏痕迹等;营业性修理场所、收费停车场等;事故车辆的牌号、厂牌型号等;事故的损失、伤亡与物资的损坏等。

一个现场的环境,各种物体、散落的遗留物以及遗留的痕迹可能非常多,拍照时要分清轻重缓急。先拍原始的,后拍变动的。有些现场因为抢救伤员或其他因素而发生变动,拍照时应先拍原始痕迹,后拍变动的痕迹。先拍重点的,后拍一般的。如可以直接证明交通事故真相,帮助分析事故原因,在事故处理中可以起到重大作用的重点痕迹要先进行拍照记录,其他痕迹可以放在后边。先拍低处的,后拍高处的。因为低处的痕迹如地面上的轮胎印迹、刹车痕迹、散落物等,极易受到破坏,在勘验过程中应先进行拍照;而车身上的痕迹、建筑物上的痕迹,不易受到破坏,可以放在后边拍照。先拍容易的,后拍困难的。为提高工作效率,在现场对于明显的、容易拍照的痕迹可以先进行拍照;条件较差的、不易拍照的痕迹放在后边,必要时可以提取回进行拍照。先拍容易消失和损坏的,后拍不易消失和损坏的。有些现场,由于气候等自然条件的原因,有些痕迹容易消失或遭到破坏,在现场勘验时,这些痕迹应首先拍照。

① 碰撞痕迹的拍摄

碰撞痕迹一般在车辆或物体外形上表现为凹陷、隆起、变形、断裂、穿孔、破碎等特征。对常见的断裂、变形和穿孔等现象,只需选择合适的角度进行拍摄即可。对于凹陷痕迹,特别是较浅小的凹陷痕迹,一般多用侧光,利用阴影来显示痕迹特征。凹陷越深,光线入射角越大;凹陷越浅,光线入射角越小。同时应注意光线强度的影响。如凹陷痕迹应尽量使光线强度和角度适中,强光直射往往会使阴影变浅而模糊,表现不出凹陷的特征。因现场拍摄多为自然光,可多选择几个角度或利用反光板、闪光灯补光。

② 刮擦痕迹的拍摄

刮擦痕迹一般表现为加层痕迹或减层痕迹。比如粘附在车辆或物体表面的油漆、塑料、橡胶等附着物。拍摄这些痕迹物证时,应用均匀光线。对反差微弱的痕迹物证,应用弱光或反射光。对细小的痕迹物证,应在镜头和相机之间加接加长接圈或放大拍照,也可用滤色镜突出某种物体的色调,加强照片的反差。

③ 其他相关痕迹的拍摄

制动痕迹和轮胎碾轧痕迹一般应从尾部和侧面两个部位进行拍摄。尾部表示车辆行进方向,侧面表示印痕长度。当机动车有变形、断裂等痕迹,在拍摄时应反映出陈旧性裂痕与新形成裂痕的区别。此种情况最好在现场拍摄,如不便拍摄,可拆卸后拍摄。

④ 比对痕迹照相

比对痕迹照相是指对车体上的痕迹及车体发生过碰撞的客体上的痕迹进行单独拍摄,反映碰撞对应关系,如痕迹形态、位置、痕迹内的附着物等。反映他们的形态、特点以及细节特征。在事故现场勘验过程中,将会发现大量的痕迹物证,主要有:

a. 路面痕迹。车轮花纹痕迹、刹车痕迹、擦划痕迹、各种碎片、散落物、滴落血迹等。

b. 车辆痕迹。碰撞痕迹、破碎痕迹、油漆脱落痕迹、附着物、车牌号等；对于这些痕迹物证，都要认真仔细进行拍照。拍照的痕迹照片，可以作为有力的证据，来证明事故发生的真相。

总之，拍摄要准确反映痕迹物证的遗留位置。最有效的就是采用重点部位照片加痕迹特写镜头照片的方法。根据痕迹不同的外貌形态，采用相应的拍照方法，并通过合理的配光、准确的对焦等手段，保证痕迹特征清晰。保证拍照的痕迹不变形。应做到两点：一是不使用广角镜头拍照；二是保证镜头的光轴与被拍痕迹的平面垂直。光线不足时应用三脚架固定照相机，并且用快门键启动快门，以防相机震动，造成影像不清晰。

（5）其他相关内容的拍摄。肇事司机的驾驶执照正、副页；肇事车辆的行驶证正、副页；（防反光，注意用漫射光）对现场范围内的不明遗留物进行提取时必须拍照（原始状态的记录）。

注意事项：

① 拍摄痕迹物证照片时要认真取景构图，合理利用画面。被拍主体应占画面的三分之一以上。如果物体太小时可使用近摄装置进行拍摄。

② 拍摄痕迹时，要反映出痕迹的形态、特征与所在位置。

反映痕迹、物证形态与特征的照片，在反映碰撞痕迹的对应关系时，有条件地进行测量摄影，反映其外观、特征大小及其所在位置。

3) 现场拍摄方法

一般现场查勘拍照包括相向拍摄、十字交叉拍摄、连续拍摄和比例拍摄 4 种方法，如图 2-19—图 2-23 所示。

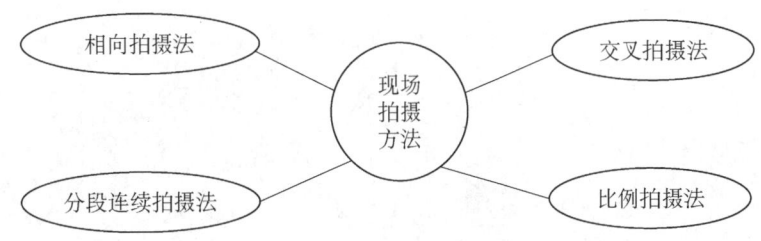

图 2-19 现场拍摄方法

（1）相向拍摄法。是从两个相对的方向对现场中心部分进行拍摄，以较为清楚地反映现场中心情况。

图 2-20 相向拍摄法

（2）十字交叉拍摄法。是从四个不同的地点对现场中心部分进行交叉拍摄，以准确反映现场中心情况。

图 2-21　交叉拍摄法

（3）连续拍摄法。是将现场分段进行拍摄，然后将分段照片拼接为完整的照片的方法。此种拍摄方法适合于事故现场面积较大、一张照片难以包括全部情况。

图 2-22　分段连续拍摄法

（4）比例拍摄法。是将尺子或其他参照物放在被损物体旁边进行摄影。常常在痕迹、物证以及碎片、微小物摄影的情况下采用此法，以便根据照片确定被摄物体的实际大小和尺寸。

 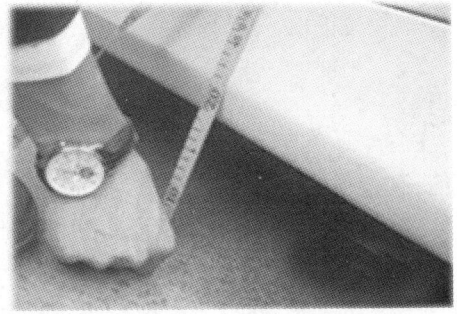

图 2-23 比例拍摄法

4) 现场拍摄的顺序

现场拍摄的顺序,如图 2-24 所示。

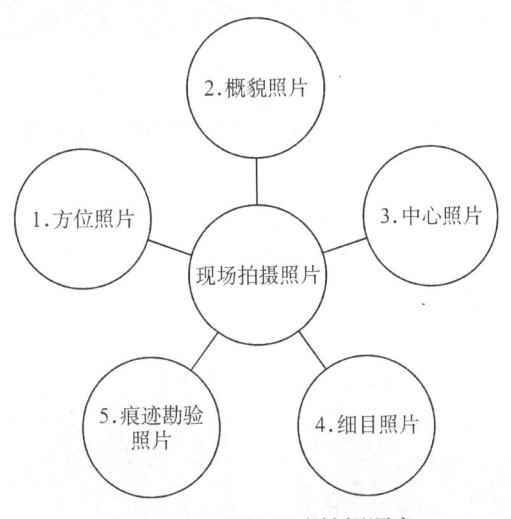

图 2-24 现场照片拍摄顺序

(1) 远景照。远景照要反映出事故的全貌,包括事故的地点(道路名称、永久性建筑、标志性建筑、地理环境),车辆的行驶路线,车辆的相对位置,如图 2-25 所示。

图 2-25 远景照片　　　　　　图 2-26 前景照片

(2) 前景照。前 45°拍摄反映车辆的前脸和侧面,防止损失扩大(根据不同公司的要求有的前景照片还应有人车合影),如图 2-26 所示。

(3) 人车合影，如图 2-27 所示。

图 2-27 人车合影

图 2-28 后景照片

(4) 后景照。后 45°摄像的照片也反映车辆一侧和牌照等基本情况，防止损失扩大，如图 2-28 所示。

(5) 局部照。主要是反映车辆的受损部位、碰撞部位、核对受损部位的高度（如果能复位现场的要尽量复合现场，对于移动现场、第一现场必须量尺寸，第一现场必须将车辆移开拍摄车辆的局部碰撞部位、碰撞部位的碰撞点），如图 2-29 所示。

图 2-29 局部照片

图 2-30 细目照片

(6) 特写照。是反映受损部位最真实的照片，千万要注意尽量避免正面拍摄，一般按照 45°拍摄，避免相片失真（一般用车辆受损部位及碰撞部位的碰撞点、车架号码、证件照等），如图 2-30 所示。

车辆厂牌型号、车架号码、VIN 码等，如图 2-31—图 2-33 所示。

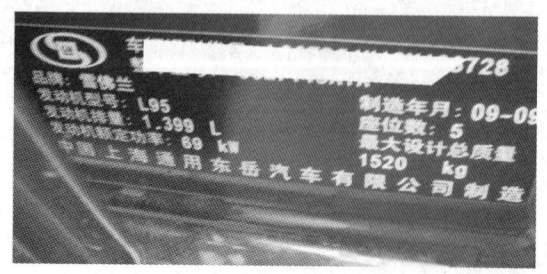

图 2-31 车辆铭牌

图 2-32 位于风窗玻璃下 VIN 码

图 2-33 发动机舱 VIN 码

6. 现场证据收集内容

证据是查明事故原因和认定事故责任的基本依据。车辆交通事故是一种纯物理现象,交通事故的发生必然引起现场内客观事物的变化,在现场留下痕迹物证。因此,对现场进行细致地、反复地查勘,把现场遗留下的各种痕迹物证加以认定和提取,经过检验与核实就成为事故分析的第一证据。

1) 散落物

散落物指遗留在事故现场,能够证明事故真实情况的物品或物质,如车辆零部件、玻璃碎片、油漆碎片及车辆装载物等,如图 2-34 所示。

2) 附着物

附着物指在事故中形成的,粘附在车辆、人体、路面及其他路面上,能证明事故的真实情况的物质,如油漆、油脂、塑料、橡胶、毛发、纤维、血痕、人体组织、木屑、植物枝叶及尘土等微量附着物质。

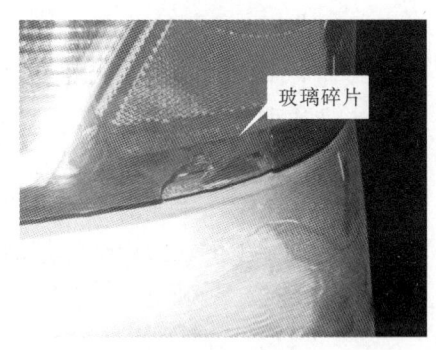
图 2-34 散落物

3) 痕迹

痕迹是事故物证的重要组成部分,包括地面轮胎痕迹、路面损伤痕迹、路面污染和附着痕迹、车体痕迹、人体痕迹、整体分离痕迹以及其他被撞物体痕迹等。

(1) 事故车辆痕迹的勘验

为了如实反映事故现场的真实情况,需要保留相应的证据,以备定损研究和事后核审所用,现场查勘人员应当十分注重通过摄影,记录损失情况。因为,现场拍摄的照片,不仅是赔款案件的第一手资料,而且也是查勘报告的旁证材料,应予以充分的重视,防止出现技术失误。

(2) 现场的印迹分析

车辆发生交通事故时,车辆留在地面上的印迹是车辆运动过程的真实记录,是事故再现中不可缺少的物证,也是分析事故全过程的主要依据。现场的轮胎印迹,对事故的侦查、判断和处理有着极其重要的作用。

轮胎印迹的形成,从物理学的观点分析,一般是轮胎与路面互相发生机械作用的结果。因此印迹的形成须具备 3 个基本要素,即造型客体、承受客体和作用力。造形客体轮胎须具有一定的形状、体积和硬度,才能在承受客体上留下痕迹。有的造形客体,虽然柔软,但它具有把自身的分泌物摩屑分离在承受客体上或能把承受客体表面的附着物粘走的属性。承受客体(路面),必须具备有吸附、渗透、可塑、变形等属性,当造形客体在力的作用下与之发生接触时,便能在承受客体表面留下造形客体的接触外表结构特点的反映形象。作用力是上述两种客体所能发挥作用的一种动力,它是使印迹得以形成和发生变化的一种重要因素。

事故现场的轮胎印迹有三种：压印(Tyreprint)、擦印(TyrescuIhTlark)、拖印(Tyreskidmark)。

① 压印是指轮胎和车轮在自由转动时，造形客体(轮胎胎面)印在承受客体(柔软路面)上的印迹，特点是轮胎胎面花纹，无论沿压印的横向，还是沿其纵向，都是清晰可见的。

② 擦印是车辆轮胎既滑动又转动而留在路面上的印迹。擦印的特点是印迹不十分明显。常在事故现场可看到各种不同类型的擦印，一般有泄气轮胎擦印、转弯擦印、减速擦印、加速擦印、碰撞擦印等。

a. 泄气轮胎擦印的刮痕线都是横向的，不是纵向的，轮胎擦印通常有波形，并常带有转向的记号。

b. 转弯擦印是指轮胎自由转动，但车辆又受离心力作用时引起的轮胎向外侧滑移所留下的印迹。当车的荷重向外侧两轮转移时，通常外侧两车轮会产生擦印。

许多情况下，擦印总是一条窄线，看上去像前轮拖印的一边，这是一条由离心力使轮胎侧向滚动的结果。

c. 减速擦印是在不打滑的路面上猛烈制动，没有将车轮抱死或没有将车轮真正抱死前产生的擦印，擦印总是出现在正规的拖印之前。擦印可根据小石块和砂粒沿擦印长度所造成的各种小刮痕来确定，减速使小石块和砂粒沿车辆前进方向压入路面形成的刮痕。

d. 加速擦印是车辆加速时驱动力超过了附着极限，其主动轮产生滑移而形成的擦痕。由于加速时轮胎的向后转动产生作用力，因此，可以使一些小石块和砂粒被剥掉，并形成刮痕。

e. 碰撞擦印是由轮胎在车辆碰撞时形成的。这种擦印可以显示出一个准确的碰撞点，通过横过车辆运动线上的应力记号将其确定。准确的碰撞点可以用抱死的轮胎痕迹确定，也可以通过沿拖印线的应力记号确定，如图 2-35 所示。

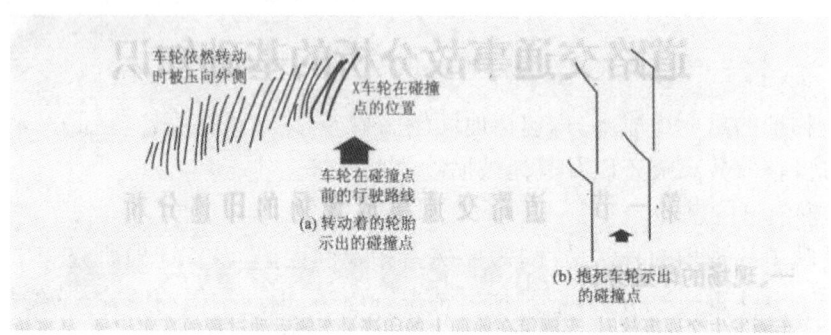

图 2-35 碰撞点与轮胎痕迹

③ 拖印是指车辆在不能自由转动时，滑行轮胎留在道上的印迹。即造形客体(轮胎胎面)和承受客体(路面)摩擦，而造形客体把自己的摩屑，也就是摩擦下来的轮胎橡胶粉末，遗留在路面上而形成的黑色印迹，形状呈线条状。

在交通事故处理中对现场印迹的调查与分析有下列作用：鉴定潜逃的肇事车型；鉴定逃逸车辆的逃跑方向；判断肇事车辆的接触点，即冲突点；分析肇事车辆的运动过程；利用轮压印迹侦查肇事逃逸车辆。

各种型号的汽车，由于用途、载重量的不同，汽车的轮距、轴距及安装的轮胎数目、规格和胎面花纹也不尽相向。因此，在肇事的逃逸现场，若发现作案车辆的轮胎痕迹，就可以推断轮胎的规格、花纹、磨损情况，而鉴别出轮胎的新旧程度及轮胎的制造厂家。进一步再查寻装配此种轮胎的汽车种类。如根据肇事现场左右轮的制动拖印，测得前轮轮距为 1.7 米，后轮轮距为 1.74 米，则可推断肇事车可能是解放 CA1091 牌载货汽车。

轮胎胎面的印迹宽度是鉴别车型的另一线索。各种型号的汽车使用的轮胎规格也不尽相同,例如,解放 1091 型和东风 1090E 型载货汽车,均装用 9.00-20 型轮胎,前面的数字代表轮胎断面宽度 $B=9$ 英寸,后面的数字代表车轮轮辋的直径 $d=20$ 英寸。肇事现场遗留在路面上的轮胎印迹,不是轮胎断面宽度 B,而是胎面宽度 a,如 9.00-20 型轮胎,断面宽度 $B=9$ 英寸(相当于 22.86 厘米),而胎面宽度约为 18 厘米。

轮胎断面宽度约为胎面宽度的 1.27 倍。汽车在紧急制动时,前轮的印迹宽近似等于胎面宽度,这样可以根据现场测量的印迹宽度,很容易地推算出轮胎的规格。

各国充气轮胎的计算方法是不同的,我国多数汽车采用低压胎,规格用 $B-d$ 表示,如 9.00-20 和 6.5-15 等,单位为英制(英寸);如 260~508 毫米,单位为公制(毫米)和英制(吋)混合标志,如 260-20 等。欧洲国家一般用公制表示轮胎尺寸,前苏联的普通结构轮胎用公制和英制混合表示,而法国钢丝轮胎用代号和数字混合表示。如 A-20 型相当于 7.5-20;B-20 型相当于 8.25-20;C-20 型相当于 9.00-20;D-20 型相当于 10.00-20 等。

按现场遗留的轮胎花纹鉴别肇事车辆:

a. 纵向花纹。指轮胎接地部分的花纹,按旋转方向排列成纵向的花纹,可分为直线型、波浪型、链条型、锯齿型。这种花纹横向滑动和上下跳动少,所以乘坐舒适,行驶稳定。主要应用于轿车、轻型客货两用车和小型载货汽车等。

b. 横向花纹。指轮胎接地部分与旋转方向呈横向排列,花纹种类有直线型、山型,其排列的角度有的呈直角,还有的呈斜向排列。这种花纹与纵向花纹的轮胎相比驱动力较强,制动性好,但上下跳动较大,易于横向滑移,乘坐不舒适,驾驶稳定性差。主要应用于大客车、载货车及土建用的车辆。

c. 纵横混合花纹。指轮胎接地部分呈横向、纵向混合式,胎面中央部分是纵向、左右呈横向花纹。这种花纹兼顾纵、横两种花纹的特点。轮胎的中央部分花纹呈纵向的驾驶比较稳定,而左右呈横向的可以增加制动力和驱动力,主要应用在大客车、载货车、吉普车、土建车上,也应用在一部分小客车上。

d. 方块花纹轮胎。指轮胎接地部分呈方形、龟甲形和互相独立的花纹。这种花纹轮胎驱动力大,制动性好,横向滑动少。但这种花纹磨损较快,使用期限短。主要应用于吉普车、越野车、建筑用车。

轮胎尺寸因车辆的型号而异,轮胎的花纹也因车而异。因此,从车辆遗留在现场的轮胎痕迹的宽度和花纹形状,可以推断出车辆的大小和车辆的种类。而从花纹的磨损程度还可以判断出车辆的新旧。

除此之外,通过轮胎的花纹还可以判断出轮胎是厂家生产还是更生胎,从而可以判断装配这种轮胎的汽车新旧。更生胎是把胎面磨损部分重新加上一层橡胶,制作上新的花纹,重新加以利用的轮胎。这种胎的花纹是仿制造厂的花纹,故总有些不同处,如花纹的细沟部分的间隔不太均匀,有宽有窄等。另外前后轮的左右轮胎花纹不同的车辆也不是新车,花纹的提取可用石膏或明胶纸。

(3) 现场遗留物的分析

① 油漆片。肇事逃逸交通事故案的现场遗留下的油漆片是判断肇事车辆种类、车号、车型的重要依据。汽车所用的油漆颜色及种类因生产厂家、车型的不同不尽一致。汽车的油漆喷涂过程是为防止车体生锈,首先喷涂一层防锈底漆,待底漆干燥后,再加厚找平,进行第二次喷漆(中间漆),干燥后再喷面漆增加光泽。底漆、中间漆多使用灰色、褐色、黑色等无光泽的油漆,而面漆多用有光

泽的油漆。

中间漆和面漆喷涂的次数因车种、车型而不同,一般喷3~5次,廉价车只喷涂两次,高级轿车喷涂5~6次。汽车被用户购买之后,还要喷上其他颜色,如单位名称和车号等。

汽车厂家喷的漆一般比较均匀,约0.1 mm,而修补后的喷漆较厚,且不均匀。脱落的油漆片无论多么微小,在显微镜下各层油漆的颜色都是清晰可辨的,这样就可以进行对比,寻找肇事车。另外,在车体不同部位上的油漆厚度也是不同的。车头、车顶、车底部都不相同。底盘部分防锈、防水、底漆涂得较厚,甚至不喷面漆。旧车的油漆因岁月的流逝,空气的氧化等色泽与新车略有不同。

② 车灯玻璃片。肇事逃逸车遗留的前照灯及雾灯的玻璃片是寻找事故逃逸车的另一条线索。汽车的前照灯由三部分构成,即散光玻璃、反射镜和灯泡,散光玻璃内有各种花纹,不同的车型前照灯的形式、形状大小及散光灯玻璃的花纹均有差异。

汽车的前照灯有三种类型,即可拆式、半可拆式和全密封式。

a. 可拆式前照灯现在用得较少,灯泡损坏了可以把散光玻璃拆下更换,这种前照灯密封性很差,难于保持反射镜的反射率。

b. 半可拆式,一般载货汽车上用得较多,散光玻璃是靠外壳卷边牙齿固定,灯泡损坏时可以从后边更换,不要拆下散光玻璃。当汽车肇事时,只要灯泡不坏,这两种形式的前照灯仍可点亮。反射镜是金属薄钢板冲压后真空镀铝而成。

c. 全密封式又称真空灯,特别是散光玻璃,反射镜和灯丝做成一体抽成真空。这种灯一旦损坏根本不亮,且不便更换,常是无灯行驶。反射镜是玻璃的。因此对现场遗留下的玻璃片进行研究,即使没有发现带商标或符号部分的玻璃片,也可推断车灯的型号及制造厂家。另外,把现场遗留下的车灯玻璃片与所寻找的嫌疑车车灯玻璃片进行对比,如果材质、断裂面的形状相符,也是有利的物证。

③ 汽车车窗玻璃碎片。汽车的风窗玻璃,随车型不同也有差异。有的车装配平面玻璃,有的车装配曲面玻璃,有的是带色玻璃,也有的是无色玻璃等。汽车风窗玻璃有如下几种:

a. 夹层玻璃。这种玻璃是在两张玻璃中间夹一层透明合成树脂薄膜。玻璃破碎时,玻璃碎片不会飞散伤人(现代汽车的前挡风玻璃基本使用这种玻璃)。

b. 钢化玻璃。这种玻璃是普通玻璃加热后急骤冷却,使玻璃的结晶密化而成,特点是不易破碎,即使破碎也是较为均匀的小块。

c. 红外线吸收玻璃。这是一种浅蓝色玻璃,可吸收太阳的热射线(红外线),多用于高级轿车。

d. 电热线印制的钢化玻璃。为了防止玻璃在潮气下结露而影响视线,用热电线加固的一种玻璃。(用于中高档汽车的后风窗玻璃。)

e. 普通玻璃。这种玻璃破碎时容易造成人员伤害,而较少使用。

目前汽车上使用较多的是钢化玻璃,代号为T字。符号L表示夹层玻璃,S表示普通玻璃,B为曲面玻璃,H表示红外线吸收玻璃,E表示部分钢化玻璃。汽车前方玻璃有时带有F标志。对事故现场遗留下来的玻璃碎片与事故车进行比对时,通过检查颜色、厚度、形状是否相符,可确定其车型。另外通过玻璃的标记亦可以确定其车型号。

其他还有镜子碎片、塑料片部件,如翼子板灯、散热器护栅片、天线、装载物、甚至连泥土都是查寻事故逃逸车的物证。

(4) 事故车上的痕迹鉴定

通过事故车辆破损部分的深度(塑性变形量),可以推算出车辆碰撞时的速度。此外,对车身上遗留下的刮擦印迹和残留物也必须给予充分的重视。

注意观察碰撞双方的伤痕特点：

碰撞时，碰撞车辆双方都要产生塑性变形。刚度较高的车体变形小于刚度较低的车体。

碰撞车要把保险杠上的油漆、涂料或者轮胎的磨损粉末等附到被碰撞车的破损部位。而且碰撞车的坚固凸起物还会在对方车体上遗留下刮痕，这些对于推断碰撞角度是十分有价值的。

因此，现场拍摄下的事故照片，必须标明和记录下有特征的损坏擦痕、条痕、涂料、轮胎粉末、合成树脂等附着位置和高度，损伤部位也要标注清楚，这对以后事故分析是极为珍贵的资料。

① 注意损伤部位的压缩变形和拉伸变形

在没有横向滑移的冲击中，车体仅受挤压的作用，而出现压缩变形。而在有横向滑移的情况下，在冲击部位要受到横向摩擦力的作用（剪切力），车体将有弯曲变形。在现场勘查中，要把破损部位的这种差异清楚地记录下来，这对分析车辆碰撞前的相对运动关系是极为重要的。车辆的碰撞引起的破损情况与车辆的总质量、行驶速度以及碰撞的部位与角度有很大的关系。

a. 汽车与固定物（如电杆、树木、砖墙或土墙）碰撞时，刚性大的物体所能吸收的冲击动能比刚性小的物体小。因此，如果两台相同的汽车去碰撞刚度不同的物体，在碰撞后损坏情况相同，则两种情况的碰撞速度必然是不相同的，与刚性小的物体相碰时的速度显然高。

b. 车辆与车辆碰撞时，速度变化越大，碰撞力也越大，损坏也越严重。两辆重量相同的汽车碰撞后，破坏严重的，其碰撞速度亦大。

c. 甲乙两车碰撞，若乙车总重量越小，在碰撞中所承受的撞击力越大。反之，对甲车来说，乙车越轻，甲车所承受的撞击力也就越小。大车与小车以相同的速度正面碰撞，其结果小车的破损程度必定比大车严重。

d. 汽车在侧面碰撞或斜角相撞时，是由碰撞力的方向通不通过被撞车的重心，来判断其冲击的强度的不同。如果冲击力不通过重心，则被撞车辆将做回转运转，在相同的碰撞速度下，这时冲击力较小，损坏较小。

e. 注意表面的附着物，被碰撞车和碰撞车损伤部位附着的涂料、油漆、合成树脂或轮胎粉末等很重要，而损伤处残留的路边建筑物、行道树的碎片也必须注意观察和记录。

f. 在现场勘查中要分清楚一次碰撞损伤和二次碰撞。根据交通肇事事故分析的要求，在勘查车辆碰撞痕迹时必须注意区分车辆与车辆第一次碰撞和第二次碰撞形成的痕迹。如在迎头侧面碰撞中，碰撞可能要引起车体的回转运动。在两车迎头侧面直接碰撞中，车体的损伤为一次损伤，而由于车体回转和其他障碍物（如电柱、行道树或者其他车辆）碰撞而产生的损伤为二次损伤。

g. 所谓第一次碰撞，是指车与车首次接触的碰撞；第二次碰撞是指在第一次碰撞后由于车辆的减速或滑移引起的与首次碰撞的车辆再一次碰撞或与第三者车辆的碰撞。例如，一辆汽车在公路上行驶由于刹车不及时与前面行驶的车辆首尾相撞，后面驶来的汽车由于相距很近等发现前面车相撞后刹车已晚，又碰到前面的尾部，又是车与车首尾相撞，第一次与前面车相撞后，由于后面车碰撞自己，迫使自己车再次撞击第一辆车。

h. 在交通事故中，并不是所有的破损痕迹对事故分析都有足够的意义。如翻车引起车体多次破损，这只能说明事故的演变与后果，并不能说明事故的原因。因此，在现场勘查中对车体上破损痕迹，必须根据其所在部位及形状与其相碰的车辆或现场固定物上的痕迹，进行细致核对，区分出对事故分析有用的第一次碰撞痕。

j. 当发现车体的碰撞痕迹后，还应仔细勘查痕迹的着力点和走向，注意痕迹的受力角度，据此判定双方的相对运动方向和交叉角度。这对分析事故的成因和责任的认定有极重要的意义。

② 注意压下和抬上的残痕

在大型车和轿车发生碰撞时,由于车高的差异,轿车有压下的残痕,而大型货车则有上抬的残痕。这时轿车是被夹在大型货车和路面之间,故碰撞后的运动是受约束的,如图2-36所示。

图2-36 车身上的残痕

③ 注意车体的整体变形

如横向翻滚的汽车,车体向横翻的一侧有变形。

(5) 水灾车损事故的查勘

① 了解车辆是动态被淹还是静态被淹,判断发动机是否可能损坏

到达现场后,要首先了解车辆是否在行驶(动态)状态下遭遇的水淹,如果是在行驶中被水湮灭熄火,应考虑发动机有可能出现内部机件的损坏。应结合投保情况给予客户适当的解释。如果是在停放(静态)状态遭遇水淹,则发动机内部一般不会损坏。

不论哪种水淹状态的车辆,应告知并指导客户采用硬拖或驮运方式施救。

② 查勘的重点

查勘的重点是查勘的重点是确定受损车辆的水淹高度。

水淹高度是确定车辆受损程度的一个重要参数,其不是简单以计量单位的米或厘米为参照,而是根据不同车型的具体位置作为参数(受损电器的多少、发动机受损的概率等)。以轿车为例,水淹高度通常分为六级:

a. 水淹高度一级。水位在车身地板以下,乘员舱未进水,如图2-37所示。损失表现为制动盘和制动毂锈蚀,水淹时间对损失影响较小,可考虑四轮的保养费用,损失率在0.1%左右。

b. 水淹高度二级。水位在车身地板以上,乘员舱进水,水面在坐垫以下,如图2-38所示。损失增加四轮轴承进水,配ABS的车辆轮速传感器有失准的可能,地板防腐层和油漆有破损的地方会锈蚀,一些车型的舒适性控制模块、变速箱模块会受损,损失率在0.5%~2.5%。

图2-37 一级水淹状态

图 2-38 二级水淹状态　　　　图 2-39 三级水淹状态

c. 水淹高度三级。乘员舱进水,水面在坐垫垫面以上,仪表台以下,如图 2-39 所示。

除二级造成的损失外,还会造成座椅潮湿和污损,部分内饰件潮湿和污损,真皮件损失较重(如果浸泡达 24 小时以上,内饰件的底板会起糊,桃木板开裂)、车门电动机淹水,变速箱、减速器、差速器可能进水,部分控制模块水淹、起动机进水,中高档车行李舱里的 CD 换片机、音响功放遭水淹。损失率达 1.0%~5.0%。

d. 水淹高度四级。乘员舱进水,水淹高度达仪表台中部,如图 2-40 所示。可能造成发动机进水,仪表台上的部分音响控制设备、CD 机、空调控制面部受损,蓄电池放电、进水、座椅垫及靠背、门内饰件均被水淹,音响喇叭基本全损,继电器、熔丝盒可能进水,高档轿车的绝大部分控制模块被水淹,损失率达 3.0%~15.0%。

图 2-40 四级水淹状态　　　　图 2-41 五级水淹状态

e. 水淹高度五级。乘员舱进水,水淹高度在仪表台面以上,顶篷以下,如图 2-41 所示。损失除四级损失以外还能造成仪表台上的全部音响控制设备、CD 机、空调控制面板受损,除顶篷外,全部内饰件和座椅被水淹,损失率达 10.0%~50.0%。

f. 水淹高度六级。水面超过车顶,整车全部被淹没,如图 2-42 所示。损失比五级增加了顶篷内饰、车顶照明灯的损坏,如带天窗的车型还有天窗电机进水、轨道锈蚀的损失,有的车型车顶还有显示器、防拖拽模块等。损失率达 40.0%~80.0%。

(6) 火烧车事故的现场查勘

现场查勘时,分析车辆起火原因。判断是碰撞事故引起燃烧还是车辆自燃引起燃烧;检查车辆燃烧痕迹,判断燃烧起火点及火源。

图 2-42 六级水淹状态

现场查勘重点:

① 查勘路面痕迹。车辆着火现场路面和车上的各种痕迹在着火过程中消失或在救火时,被水、泡沫、泥土和沙等所掩盖,查勘时首先对路面原始状态查看、拍照,并做好各项记录。施救后用清洁水将路面油污、污物冲洗干净,待暴露印痕的原状后再详细勘察。方法是以车辆为中心向双方车辆驶来方向的路面寻查制动拖印、挫划印痕,测量其始点至停车位的距离及各种印痕的形态。

② 查勘路面上散落物。查勘着火车辆在路面上散落的各种物品及伤亡人员倒卧位置以及碰撞被抛洒的车体部件、车上物品位置,与中心现场距离,实际抛落距离,推算着火车辆行驶速度。

③ 车体痕迹查勘。通过车体燃烧痕迹寻找车辆上的起火源。

动态状态下着火燃烧的查勘:碰撞车辆着火的一般规律是将外溢的汽油点燃,查勘重点是汽油箱金属外壳表层有无碰撞注陷痕和金属质擦划的条、片状痕迹。车体被燃烧后的接触部位痕迹容易受到破坏,查勘时就残留痕迹部位勘察其面积及凹陷程度进行对比,以求判断碰撞力大小、方向、速度、角度等。

动态状态下发生车辆自燃主要是电器、线路、漏油原因造成,车体无碰撞损伤痕迹,但路面上一般都留有驾驶员发现起火本能反应的紧急制动痕;火势由着火源随着火时风向蔓延。火源大部分分布在发动机舱和车内仪表台附近,重点区分车辆自燃和车内人员失火。

静态状态下车辆着火。重点要注意检查现场有无遗留维修、作案工具,有无外来火种、外来可燃物或助燃物等,有无目击者,同时调查报案人所言有无自相矛盾之处,如事故现场周围环境、当时的天气、时空等有无可疑之处,如图2-43,图2-44所示。

图2-43 局部损失火灾

图2-44 全部损失火灾

(7) 机动车辆保险盗抢案件查勘

接报案后理赔员应立即赶赴第一现场查勘,对当事人进行询问并做好询问笔录,进行现场拍照并检查现场有无盗抢痕迹,有无遗留作案工具。注意调查报案人所言有无自相矛盾之处,如停车场周围环境、当时的天气等有无可疑之处。

① 走访、调查现场有关人员,调查车辆停放、保管、被盗抢的情况,做好询问笔录。应特别注意了解车辆被盗前的使用及停放情况。对车辆在停车场被盗的,要求取证停车记录及停车场看车人员的有关书面材料,特别注意停车场收费情况,要求被保险人提供停车收费凭证,如该地点有人看管收费,应向保安、管理人员或物业了解情况,要求其出具相关证明。

② 如果发现案件中存在某些疑点、牵涉到经济纠纷、非法营运等行为,应作进一步调查,取得可靠证据。可以通过公安部门进一步了解案件性质,也可向有关的个人或单位负责人了解情况。

③ 在作询问笔录时应注意以下几点:

a. 当事司机与被保险人关系,车辆为何由当事司机使用;

b. 保险车辆丢失或被抢的详细经过,对案件发生有何线索可向公安机关或保险公司提供;

c. 是否存在营运行为或经济纠纷以及这两种情况是否与此车被盗(抢)有直接联系;

d. 该车手续是否齐全;

e. 丢车地点是否有人看管收费,有无收费票据;

f. 车况如何,是否进行过修理。

④ 对被保险人的财务状况进行调查,防止被保险人因财务状况恶化或利用价差进行保险诈骗。

⑤ 调查车匙及修车情况。调查被盗车辆近期维修情况、被盗车辆的钥匙配备情况,对钥匙进行鉴定,判断是否曾经配过。

⑥ 调查车辆购置情况。调查被盗抢车辆的购置、入户上牌及过户等情况,如被盗抢车辆发生转让,应请被保险人及时提供有关转让证明。

⑦ 了解车辆档案。到公安车辆管理部门,核实档案记载的车牌号、车型、生产及上牌时间、车架及发动机号码等资料,核对被盗抢车辆是否已经挂失、封存档案。

⑧ 调查报警情况。走访接报案公安部门的值勤民警,了解、记录接报案的详细情况。

⑨ 调查案件侦破情况。调查人员应经常与公安机关刑侦部门联系,积极协助破案。在保险车辆被盗抢三个月后,应及时了解被盗抢车辆的侦破情况。

四、实训

(一) 案例分析

【案例1】 在某停车场,司机××在倒车时,不慎与柱子相碰,造成车辆损坏,该车在某保险公司投保了车损险及三者险和不计免赔。

思考:

1. 在这个案件中查勘要注意什么?
2. 现场状态是否与报案信息相符?
3. 在事故现场中还需要做什么工作?

点析:事故现场碰撞痕迹,车辆行驶路线方向,地面应该要有轮胎印。根据现场环境,可以确定与报案信息相符。确定损失部位,核验单证是否有效。

【案例2】 ××年1月26日,李小姐驾驶标的车辽MM57××行驶在开原威远镇躲对面来车,由于路滑掉路路旁的沟中,标的车损失严重。标的承保的险种有车辆损失险,交强险,第三者责任险,车上人员责任险,盗抢险,车身划痕损失险,玻璃单独破碎险,不计免赔特约条款。

思考：

1. 在这个案件中查勘要注意什么？
2. 为什么本事故会出现这个现状？
3. 车到底行驶于哪个方向？

点析：地面环境、天气环境、由于路滑造成车辆甩尾。路面的行驶痕迹和路况的行驶方向。

【案例3】××年2月6日，刘先生驾驶辽M753××行驶在铁岭市师专院内，转弯时不慎撞到墙上，造成标的车右前部受损，标的车承保的险种有车辆损失险，第三者责任险，盗抢险，不计免赔特约条款。

思考：

1. 在这个案件中查勘要注意什么？
2. 本事故碰撞部位与痕迹是否相吻合？
3. 如果本次事故确实在这个现场，那么墙体痕迹应该怎样呈现？
4. 如何寻找证据？

点析：环境是否可以导致本事发生，痕迹及痕迹的碰擦的方向。痕迹不吻合，车上的痕迹是怎样才能造成。与何物造成？该车的有前保险杠碰撞部位的损伤应该与带有白色的物体相撞的造成的。注意附着物。车险查勘的证据寻找是通过现场车辆碰撞之后在碰撞体上留下的痕迹和残留物是否和碰撞体本身的的相吻合。比如本事故车辆右前保险杠与墙壁相撞，那么，有前保险杠就必须有与墙体碰擦痕迹及会在与墙体碰撞部位留下和保险杠相同颜色的油漆粉末或漆片。

【**案例4**】2010年6月某天，在某保险公司投保了车损险的一辆陕汽SX4254NT294C牵引汽车满载货物行驶在某山区路段时发生交通事故。司机报案称：车辆在下山时没有刹车冲到减速坡沙堆上，造成本车前部及机体受损，无人伤。

保险公司接到报案立即调派人员赴现场查勘。查勘人员及时到达现场了解情况、拍照取证，并协助施救。

思考：

在这个案例中，现场查勘中证据有什么作用？如何取证？这个案例是否属于保险责任？

点析：现场经过初步查勘发现，车辆冲上沙石堆仅造成前杠下部轻微损坏，发动机没有碰撞且油底壳完好无损，但发动机缸体右侧严重破损，第一缸连杆脱落并遗留在车辆的后方，沿车辆行驶路面留有数十米的油迹。

这个事故现场的查勘结果说明：事故车辆在冲上减速坡之前，发动机已经出现故障，连杆已经折断将缸体捣破并遗留在车辆的后方，造成机油沿道路大量喷洒。由于对现场查勘及时、细致，现场痕迹取证清晰，为后期分析发动机损坏的真正原因并成功减损提供了有力的证据。

【案例5】2013年×月6日，刘先生驾驶自己的丰田锐志车在某小区地下停车场，停车时不慎撞到墙柱上，造成标的车左前部受损，标的车承保的险种有车辆损失险，第三者责任险，盗抢险，不计免赔特约条款，如下图所示。

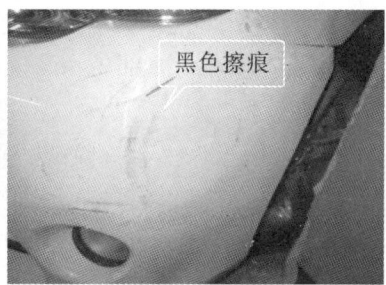
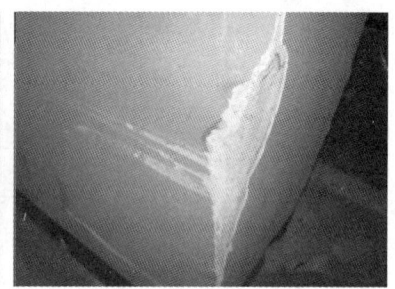

思考：

本事故现象是不是属于二次碰撞，如果是，本事故损失是属于保险责任吗？

点析：该事故现场查勘证实该车前杠受损属实，根据现场环境来看，由于停车进库当事人驾驶操作不当，造成前杠与墙柱相碰擦。从碰撞体的接触面来看，丰田锐志车前保险杠有蓝色的油漆痕迹及粉末撞的附着物，墙体上留有白色擦痕，是符合碰撞接触后相互间产生痕迹和附着物的事实，本次事故可以说明该车的保险杠在本次事故可以造成损失，但是该车前杠是不是还存在与该现场碰撞体不符的痕迹呢，很显然，前杠上有一道黑色的擦痕，这道擦痕应该与本体（墙柱）无关，且这个痕迹是在本环境之前造成的。请想想这是为什么？

【案例6】2013年1月31日，×××驾驶一辆一汽奔腾轿车行驶在新疆某地因雪天路滑，驾驶不慎标的车刮到电线杆的钢筋绳，造成标的车受损，三者无损，标的车无人伤。该车在某保险公司投保了车损险等险种。

思考：

本事故车的右前门的凹陷是怎样造成的，是本次事故造成吗，怎样造成的，这个问题提醒了我们，在现场还需要注意什么？（提示：右前门的凹陷是本事故造成的。）

点析：查勘员来到现场对事故进行了勘察，由于雪地路滑，现场未移动，车辆右侧与电线杆的钢丝拉丝相碰刮，造成车辆右车身受损。我们从两碰体本身来分析，从事故车的受损部位看，呈现出来钢丝碰刮出的线状的划痕，倒车镜断裂，在钢丝绳上也留有与车身相符的银灰色的油漆粉末。说明该事故是真实事故，属于保险责任。

【案例7】2013年×月×日，××小姐驾驶丰田凯美瑞轿车在××院区内，因会车让车时倒车不慎与墙体相撞，造成车辆左后侧受损，查勘员赶赴到了现场并进行了查勘工作。

思考：

1. 本案例第一图片和第二张照片可以反映该车运行方向和所属位置，想想这是现场拍摄是不是属于方位照呢？

2. 本案在拍摄中是否缺少了什么步骤？假如在痕迹比对照用量尺测量碰撞痕迹的高度比对，应该更能体现本事故碰撞真实性，这样整个查勘工作就更加完美了。

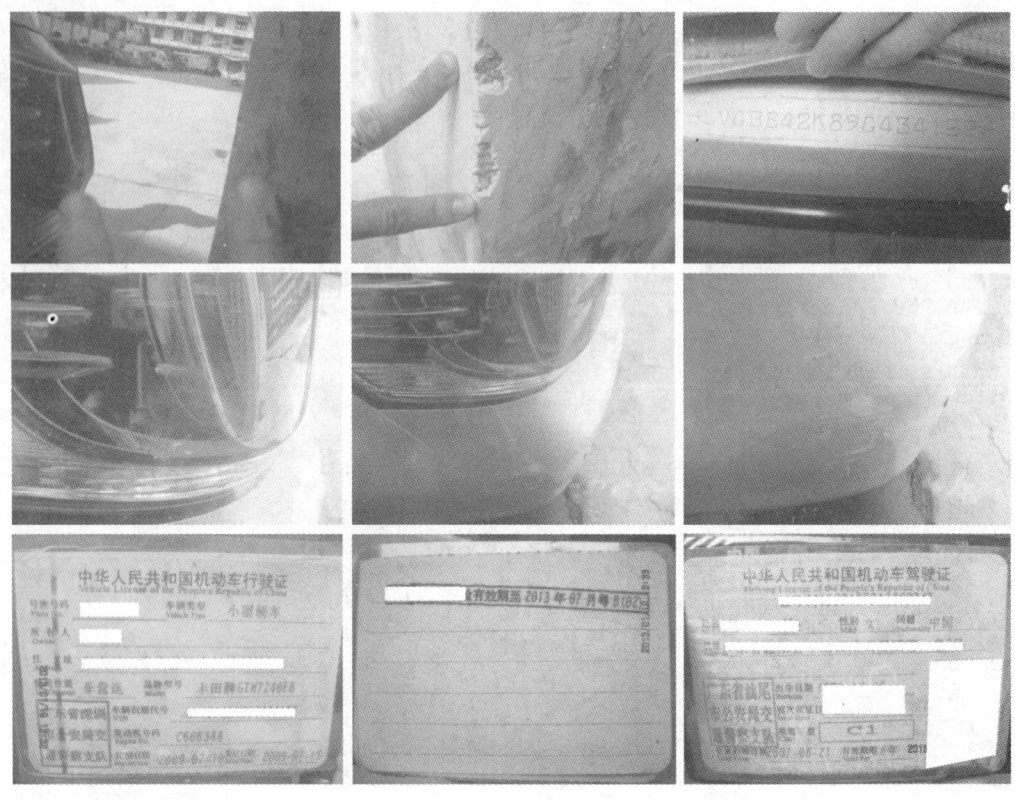

点析：这是个单方事故案例,从拍摄照片来说,整个拍摄过程基本按照现场拍摄要求执行的,有方位、概貌照,中心和细目照,痕迹比对照也有。本事故照片方位照和概貌照采用是二合一拍照,整个照片能够较清晰的反映事故发生的事实。证件照清晰。

【案例8】2013年×月×日,何××驾驶车牌为×××的雪铁龙小轿车在渝北区两路进修校门口与水泥台阶发生碰撞,造成小客车左侧前保险杠受损,客户称已报交警处理,现在交警队处理,保险公司接到报案后,派遣查勘员赶赴现场并进行查勘。

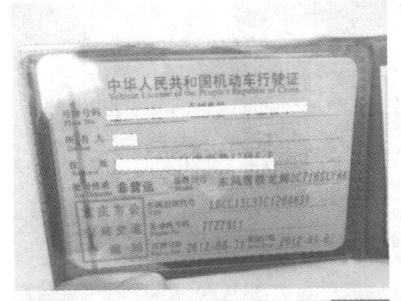
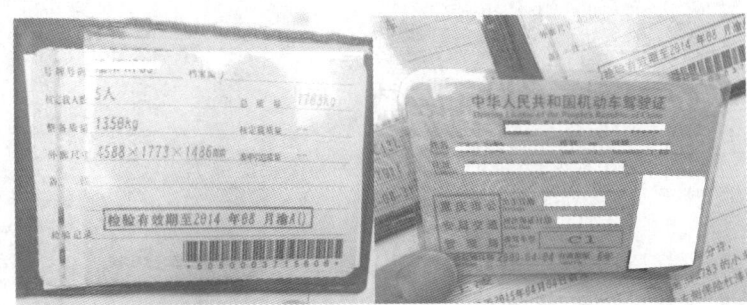
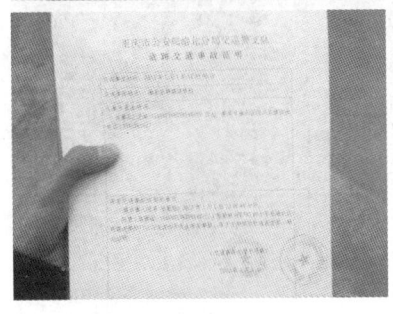

点析：该案是个移动现场查勘，从整个案件的照片来看，是个不完整的查勘照片，本案没有方位照和概貌照，本案中地点照片是不能证明该事故在那个地方出险的，对于移动复勘现场照片和原现场一样，都是为了核实还原事故真实性，对于每一个拍摄环节都不能少，但是移动现场还原，一定要痕迹比对，这就要将两碰撞体的碰撞部位痕迹进行同一水平上测量高度，同时还要勘验碰撞痕迹的朝向，是否吻合。这样的案件虽然有了公安机关的证明，但是也是无法认定本案在该处出险的真实性，没有公信力，保险理赔是不能采纳的。

【案例9】××年×月×日晚上，吴某驾驶一车号为粤B××××小客车，行驶途中不慎与前方车辆发生碰撞，造成辆车受损，两车均投保了车损险及三者险种吴某随即向保险公司报案,,向保险公司报案，查勘员接到任务调派。到达现场，审核相关信息。相关信息审核完毕，进行现场查勘。

思考：

方位照和概览照是反映交通事故发生在什么位置，什么环境特征，因此在夜间拍摄这两个照片需要怎样拍摄，才能有清晰体现？

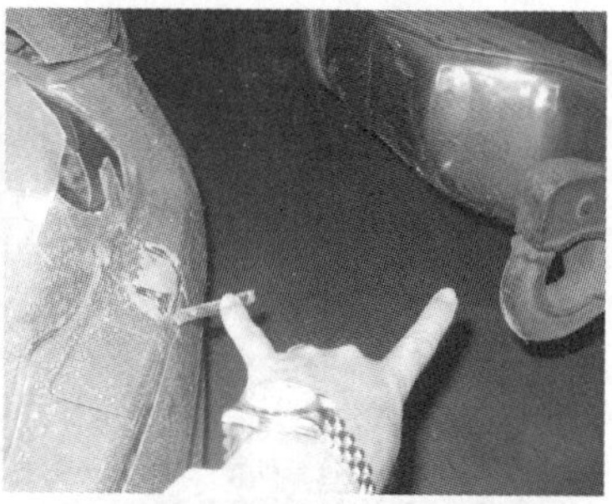

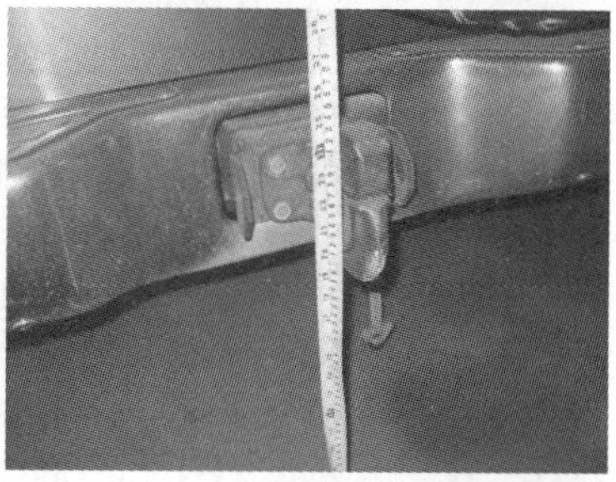

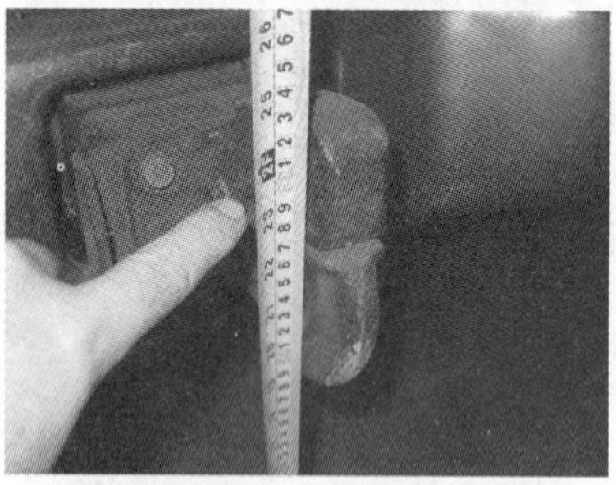

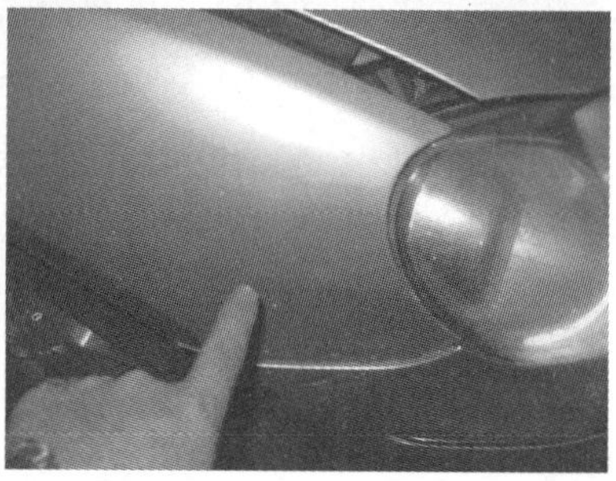

点析：要注意在拍摄照相机要开启辅助照明灯和闪光灯。但要注意不要过度曝光。这是夜间发生的双方交通事故，这个案例在拍摄环节中整个案件照片基本可以呈现案件的发生的环境和事态。在细节照相和痕迹比对照相都能清晰可显，能够清楚的体现故事碰撞损失部位和损失程度。反映出事故的真实性。

【案例10】2012年7月17日，赣×××号牌车停放在南丰县东门大水田15号被水淹，车主向保险公司报案，保险公司接报案后立即派工查勘员去现场查勘。

思考：

1. 通常水淹车还有什么情景？需要怎样拍摄，比如：涉水行驶的水淹车和水淹至底盘地板处的这种事故现场需要注意什么呢？

2. 水淹汽车施救离开现场，查勘需要注意什么？怎样核对现场真实性进行核实？

点析：针对上述问题，我们注意到水淹车事故有个共性，就是凡是被水淹到的地方都会出现水渍痕，或留有淤泥，可以根据车上的痕迹高度到车辆水浸的地点进行勘察核对。以及根据当地气象局的雨水的报道。在这个水淹事故现场案例中，照片基本反映了该案件的现场受损情况。有水淹痕迹和水渍痕迹照片，现场拍摄角度和视野也不错，这样对于水淹事故车的损失范围就可以清晰体现出来。因为水淹事故是损失严重程度是根据车辆被水淹的位置深度（高度）有六个等级和在水中浸泡的时间长短来确定的。所以现场查勘中车辆被水淹的高度是很重要的举证。在水淹事故中，车辆只要被水淹到的位置一般都会有水渍痕迹呈现，通常所说的水过留痕。

（二）实训步骤

步骤	内容
1.	单方碰撞事故现场查勘 1. 思考： （1）何为单方碰撞事故？ （2）碰撞的定义？ 2. 思考： 单方碰撞事故特点？ 3. 思考： （1）符合什么险种的保险责任？ （2）何为车辆损失险？ （3）调查取证的方法及注意事项？

续表

步骤	内　　容
2.	M-AP中的真实案例进行查勘拍照学习 案例训练： 任务1　奥迪A4L单方碰撞事故查勘拍照 任务2　本田C-RV单方碰撞事故查勘拍照 任务3　大众途锐单方碰撞事故查勘拍照
3.	M-AI查勘模块操作讲解 多媒体课堂讲解 FLASH实训指导模块引导
4.	M-AI查勘模块实操练习
5.	情境脚本学习、设计，见"情境设计"
6.	情境演练 在汽车商务仿真模拟实训基地（或其他）—车险理赔区域，分组、角色扮演、模拟练习

（三）情境设计

1. 案例设计

2013年2月19日，王先生早上驾驶标的车沪AB6666行驶在上班的路上，由于前一天晚上下雪，路面湿滑。在行驶到申滨路与仙霞西路交汇处，躲一行人时，由于路面较滑，刹车不及，刮到路边的路灯杆上，造成标的车右前部受损，向保险公司报案，查勘员接到任务调派。到达现场，审核相关信息。相关信息审核完毕，进行现场取证。

2. 情境对话

查勘员：你好，王先生，我们一起看一下车辆的损失情况。

客户：好的。

3. 工具

数码相机、电脑、卷尺、手电筒、笔、记录本、易碎封。

4. 场地

车险理赔综合实训道场。

5. 情境考核

事故现场照片整理。

车牌号码		拍摄地点	
拍照时间		车辆型号	
拍摄人		照片数量	

续表

说明		说明	
说明		说明	
说明			
说明		说明	

任务4　绘制查勘报告

一、学习目标

1. 能够根据现场查勘的实际情况和当事人的描述,如实撰写查勘报告;
2. 能够明了、简洁、真实,语句通顺无疑义,详实地反映事实并能清楚地表达查勘结论;
3. 能够准确地按照要求录入查勘平台,并上传取证照片并发送。

二、学习内容

1. 学习收集事故现场信息:标的车信息、驾驶员信息、被保险人信息、三者车辆及物损情况等;
2. 学习深入实际调查,认真负责,详细记录,做到现场"情况明、原因清、责任准、损失实";
3. 学习按照要求填写现场查勘报告,告知客户事后处理事项,回复调度;
4. 学习查勘平台录入、案件内部审核、发送、跟踪。

三、资讯

(一) 知识链接

1. 现场查勘报告填写规范

1) 总体要求

(1) 纸质单证不能留空格未填写项目全部划斜线,字迹工整,不涂改,不出框,单证平整无污物或褶皱。

(2) 车牌号等基本信息正确无误,损失部位描述不得多写或漏写项目。不得有"阴阳单"现象。

事故经过和查勘意见的描述可根据实际情况灵活改变,但必须言简意赅,语句通顺无疑义——能详实地反映事实并能清楚地表达查勘结论。

2) 具体要求

(1) 三者投保信息很重要(核实三者交强险投保记录),注明三者方驾驶员联系方式,尤其无警检事故,尽量填写齐全(包括三者车辆信息)。

(2) 出险时间与查勘时间。时间具体到"分钟",不能将日期(出险地点、查勘地点)写出框外或写在中间横线上。

(3) 所有带"冒号"的空格均须紧跟冒号填写汉字或数字。即不能在冒号后面留有空格(常见错误:"同上"两字写在了空格中间)。地点填写应详细具体,且真实。

(4) 事故经过描述栏。时间、地点、人物和详实经过的描述。其中,出险原因应具体、清晰,不能简单写为"不慎"等;事故经过的描述必须体现出:时间、地点、人物、车辆行驶方向、出险原因、碰撞点、损失部位等要素。

(5) 查勘结论。应有相应的事故分析和判断总结,简单案件应有明确的保险责任定性和处理意见。

(6) 现场草图。注意道路名称、道路行驶方向、路段地理方位标识、道路车行道分界线、方向标等因素；

建筑物等实体应有规则的"抛面线"，常见交通元素图应严格按"国标 GB 5768—1999"标准画图；影响事故发生的因素（如行人、自行车、摩托车、宠物等）要画出；车辆的行驶方向和碰撞前后的运行轨迹应标明。

（二）工作实施

现场查勘报告填写主要包括：绘制现场草图、填写事故原因及经过、填写标的车信息、查勘结论、签字，如图 2-45 所示。

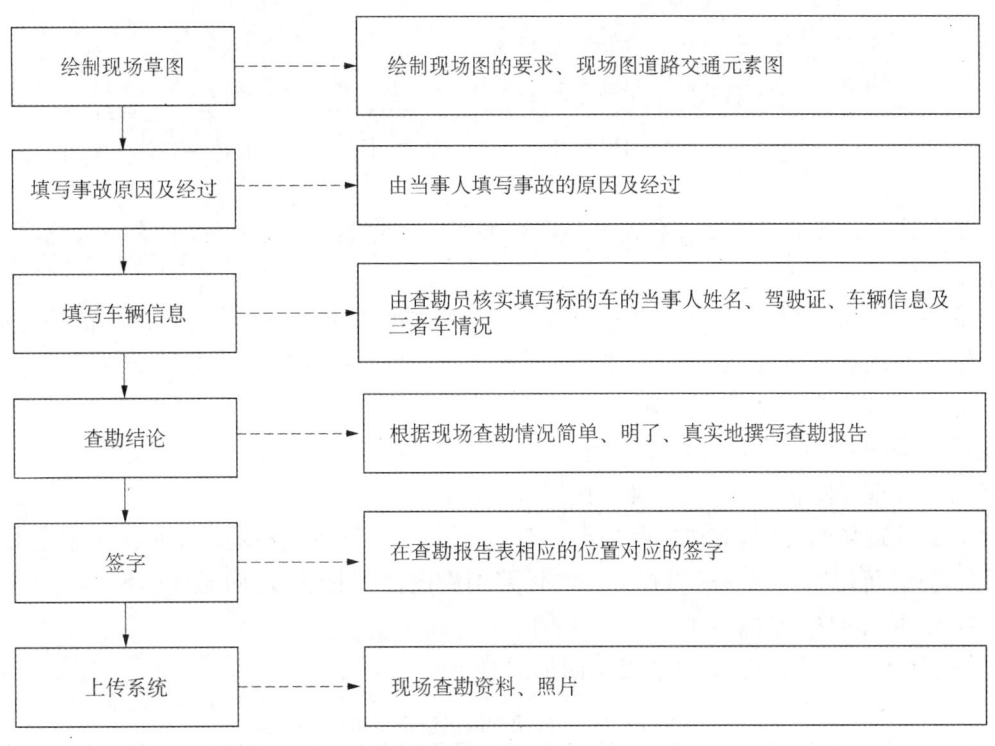

图 2-45　现场报告撰写流程

1. 绘制现场草图

1）现场图的绘制要求

现场图是一张反映事故车辆发生的地点和环境范围的地形平面图。根据现场查勘的内容迅速全面地把现场的各种交通元素、痕迹、道路设施及物貌，用一定的比例图绘制在图纸上。现场图的基本内容有：

（1）能够表明事故现场的地点、方位、物貌、交通情况；

（2）标明交通元素及事故相关的遗留痕迹和撒落物体的位置；

（3）标明事物的形状；

（4）根据事故痕迹标明事故过程，车、人、畜牧等的动态；

（5）现场图是体现出险事故产生原因，判断事故责任的重要依据，现场图不仅是绘图者能看懂，更重要的是没有到过出险现场的人也能从现场图中了解到出险现场的概貌，使他人通过现场图能够对事故现场状况有一个总体的认识。

现场事故草图的绘制要求,如图 2-46 所示。

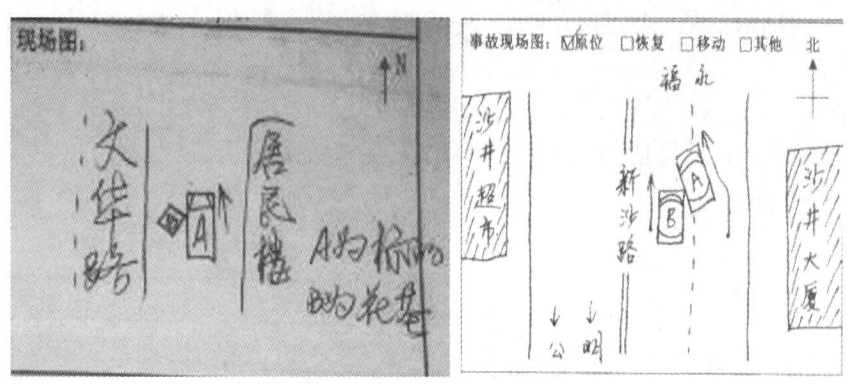

图 2-46　现场事故草图

现场记录图是记载和固定交通事故现场客观事实的证据材料,应全面、形象地表现交通事故现场客观情况。

① 一般案情简明的交通事故,在能够表现现场客观情况的前提下,可力求制图简便。

② 绘制各类现场图需要做到客观、准确、清晰、形象,图栏各项内容填写齐备,数据完整,尺寸准确,标注清楚。用绘图笔或黑水笔绘制、书写。

③ 现场记录图、现场比例图、现场分析以正投影俯视图形式表示。

④ 交通事故现场图各类图形、符号应按实际方向绘制。

⑤ 交通事故现场的方向,应按实际情况在现场图右上方用方向标标注,通常采用上北下南;对难以判断方向的,可用"←"或"→"直接标注在道路图例内,注明道路走向通往的地名。

2) 道路交通元素图(国标 GB 5768—1999)

(1) 绘图常用线型及其用途,如表 2-1 所示。

表 2-1　绘图常用线型及其用途

线型名称	线条宽度/毫米	用　　途
粗实线	1	道路、桥梁、建筑边界线及建筑物轮廓线等
中实线	1/2	现场物体、车辆、伤亡人员、制动印痕等
细实线	1/4	路面尺寸线、标高线、剖面线、中心线等
点划线	1/4	路面分界线、切测线等
波浪线	1/4	长距离图的省略线、断开线等
引出线	1/4	加注说明

(2) 交通元素图(带★的为常用图标),如表 2-2—表 2-4 所示。

表 2-2　机动车图标

含义	图形符号	含义	图形符号	备注
★载重车平面图		载重车侧面图		含平头载重车、专用汽车、特种车
★客车平面图		客车侧面图		含无轨电车、特种车
★小轿车平面图		小轿车侧面图		含吉普车、微型面包车
★挂车平面图		挂车侧面		含全挂车、半挂车
★二轮摩托车侧面图		轻便摩托车侧面图		
铰接式客车平面图		铰接式客车侧面图		含铰接式无轨电车
拖拉机平面图		拖拉机侧面图		含专用机械
手扶拖拉机平面图		手扶拖拉机侧面图		
后三轮摩托车		侧三轮摩托车		

表 2-3　其他交通符号

非机动车符号					
含义	图形符号	备注	含义	图形符号	备注
★自行车侧面图			兽力车平面图		
三轮车平面图			人力车平面图		

续表

人体图形符号					
含义	图形符号	含义	图形符号	含义	图形符号
★人体		伤体		尸体	

牲畜图形符号				
含义	图形符号	含义	图形符号	备注
牲畜		惊畜		含牛、马、猪、羊等，需同时标注文字说明
伤畜		死畜		

道路标线符号				
含义	图形符号	备注	含义	图形符号
中心单实线			★中心虚线	
中心虚实线			★中心双实线	
停止线			导向车道线	
车行道边缘线			车道分界线	
停车让行线			★中心圈	

表2-4 道路线符号

含义	图形符号	备注	含义	图形符号	
减速让行线			★倾斜式停车位标线		
左转弯导向线			★路面障碍物标线		
港湾式停靠站标线			★平行式停车位标线		
导流标线			★垂直式停车位标线		
人行横道标线			人行道		
桥			漫水桥		
上坡道		↑为坡度	道路		路面性质用文字说明。如：冰、沥青、混凝土路面
下坡道			道路平交口		丁字路口和交叉路口按实际情况划
道路与铁路平交口			路面积水		也可表示路外水塘
施工路段			路面突出部分		也可表示路外山岗、丘陵、土包

续 表

道路标线符号						
含义	图形符号		备注	含义	图形符号	
涵洞				路面凹坑		也可表示路外凹地、土坑
隧道				路旁水沟		也可表示其他路外水沟
安全设施图形符号					
含义	图形符号	含义	图形符号	含义	图形符号
★隔离带(或花坛)		禁令标志		指示标志	
隔离桩(墩、栏)	—X—X—	警告标志		指路标志	
土地利用植被和地物图形符号					
含义	图形符号	含义	图形符号	含义	图形符号
★树木平面		树木侧面		★路灯	
★建筑物		★厂院大门、围墙		消防栓	
★停车场	P	★电杆		★碎石、沙土等堆积物	
动态痕迹图形符号					
含义	图形符号	备注	含义	图形符号	备注
轮胎擦印	- - - - - -		★轮胎拖印	L	L 为拖印长
★轮胎压印	· · · · · ·		★侧滑印		各种车通用

续 表

交通现象和交通事故类型图形符号					
含义	图形符号	备注	含义	图形符号	备注
★ 机动车行驶轨迹	←———		★ 摩托车行驶轨迹	←– – –	
★ 自行车行驶轨迹	◁– – –		行人运动轨迹	◁———	
翻车、坠落	○○○○○		爆炸	※	
其他图形符号					
含义	图形符号	备注	含义	图形符号	备注
★ 方向标	┼		风向标	⌐X	X为风力级数

2. 填写事故经过及原因

在事情的经过及原因栏根据当事人的描述进行填写（事故经过的描述必须体现出：时间、地点、人物、车辆行驶方向、出险原因、碰撞点、损失部位等要素）填写完毕后要求当事人签字确认事实。

3. 填写标的车信息

填写标的车车辆当事人姓名、性别、年龄、车牌、车型、保险单号、报案号、车架号码、发动机号码、出险地点、事故损失情况及三者车的相关情况，等等。

4. 查勘结论

根据查勘员现场看到的实际情况和当事人的描述如实地填写查勘报告，查勘报告明了、简洁、真实撰写查勘报告。

5. 签字

根据查勘报告表上相应的位置由被保险人或指定人、查勘员等签名确认。

6. 案件资料上传

查勘员现场查勘完毕，将现场查勘结果反馈给调度中心。并把案件资料上传到系统中。查勘员按案件大小、易难程度等根据保险公司的现场信息上传时间要求，将现场采集到的信息录入公司系统、递交原始资料。

四、实训

（一）实训步骤

步骤	内 容
1.	M-AI查勘模块操作讲解 多媒体（机房）课堂讲解 Flash实训指导模块引导

续表

步骤	内　　容
2.	M－AI查勘模块实操练习 多媒体(机房)操作练习
3.	情境脚本学习、设计，见"情境设计"
4.	情境演练 车险理赔综合实训道场(或其他)分组，角色扮演，模拟训练

(二) 情境设计

1. 案例设计

2013年2月19日，王先生早上驾驶标的车沪AB6666行驶在上班的路上。由于前一天晚上下雪，路面湿滑，在行驶到申滨路与仙霞西路交汇处，让一行人时，由于路面较滑，刹车不及，刮到路边的路灯杆上，造成标的车右前部受损，向保险公司报案，查勘员接到任务调派。到达现场，审核相关信息。相关信息审核完毕，进行现场取证。取证完毕，进行查勘资料的填写。

2. 情境对话

填写查勘资料

查勘员：王先生(小姐)，你好。请您配合我对查勘资料进行填写。

客户：好的。

查勘员：这是"出险通知书"、"索赔申请书"、"查勘报告"、"简易赔案确认书"，请您填写并签字(指导被保险人填写被保险人部分，并签字，查勘员部分，由查勘员填写，并签字，双人查勘，就双人签字。对于损失较小，现场能定损的就填写"简易赔案确认书")。

客户：好的。

3. 工具

"出险通知书"、"索赔申请书"、"查勘报告"、"简易赔案确认书"、签字笔。

4. 场地

车险理赔综合实训道场。

5. 情境考核

(1) 机动车辆保险出险通知书。

被保险人：				保险单号：		
厂牌型号：		车牌号码：		发动机号：		车架号：
出险时间：　年　月　日				出险地点：		
报案时间：　年　月　日				是否第一现场报案：□是　□否		
报案方式：□电话　□上门　□其他				车辆初次登记日期：　年　月　日		
报案人：		联系电话：		使用性质：□营业　□非营业　□其他		
处理部门：□交警　□其它事故处理部门　□保险公司　□自行处理						
驾驶人员情况	驾驶员：		初次领证日期：　年　月　日		固定驾驶员：□是　□否	
	驾驶证号：□□□□□□□□□□□□□□□□□□					
	准驾车型：□A　□B　□C　□其他			性别：□男　□女		

续 表

出险经过:(请您如实填报事故经过。报案时的任何虚假、欺诈行为,均可能成为保险人拒绝赔偿的依据。)
报案人签字: 年 月 日

事故处理意见:
查勘定损员签字: 年 月 日

(2) 机动车辆保险索赔申请书。

被保险人:				保险单号:		
厂牌型号:		车牌号码:		发动机号:		车架号:
出险时间: 年 月 日				出险地点:		
报案时间: 年 月 日				是否第一现场报案:□是 □否		
报案方式:□电话 □上门 □其他				车辆初次登记日期: 年 月 日		
报案人:		联系电话:		使用性质:□营业 □非营业 □其他		
处理部门:□交警 □其他事故处理部门 □保险公司 □自行处理						
驾驶 人员 情况	驾驶员姓名:		初次领证日期: 年 月 日		固定驾驶员:□是 □否	
	驾驶证号:□□□□□□□□□□□□□□□□□□					
	准驾车型:□A □B □C □其他				性别:□男 □女	
出险经过:(请您如实填报事故经过。报案时的任何虚假、欺诈行为,均可能成为保险人拒绝赔偿的依据。)						
报案人签字: 年 月 日						

××××财产保险公司××分公司_____支公司

  保险车辆发生的上述事故现已结案,相关的索赔材料已整理齐全,现将向贵公司提出索赔申请。
  特此声明:以上填写的内容和向贵公司提交的索赔材料真实、可靠,没有任何虚假和隐瞒。
  此致
敬礼

被保险人签字:

年 月 日

(3) 机动车辆保险事故现场查勘报告。

保单号码：

保险车辆	厂牌型号：		发动机号：		车辆登记日期： 年 月 日	
	车牌号码：		车架号(VIN)：		已使用年限：	
驾驶员姓名：			驾驶证号：□□□□□□□□□□□□□□□□□□			
初次领证日期： 年 月 日		性别：□男 □女		年龄：	准驾车型：□A □B □C □其它	
出险时间： 年 月 日 时		出险地点： 省 市 （县）				
查勘时间： 年 月 日 时		查勘地点：			是否第一现场：□是 □否	
赔案类别：□一般 □特殊 □简易 □其他 □双代(□委托外地查勘 □外地委托查勘)						
出险原因：□碰撞 □倾覆 □火灾 □爆炸 □空中运行物体坠落 □雷击 □雹灾 □暴雨 □洪水 □其他（ ）						
涉及险种：□车损险 □三者险 □盗抢险 □玻璃单独破碎险 □自燃损失险 □车上人员责任险 □其他（ ）						
标的查验： □是 □否		保险责任： □是 □否	责任划分： □全部 □主要 □同等 □次要 □无责 □单方			
三者车辆		厂牌型号：		车牌号码：	车辆初次登记日期： 年 月 日	
伤亡人数		车上人员:伤人□ 亡人□		三者人员:伤人□ 亡人□	三者物损:□有 □无	
查勘人意见(事故经过、保险责任认定)：				草图:北		
查勘员：				查勘时间： 年 月 日		
事故估损金额	总金额： 其中:车损金额： 三者金额： 其他损失金额：					
	保险损失金额	车辆损失险	标的损失		第三者责任险	车辆：	附加险	
			施救费：			人员：		
			吊车： 拖车： 其他：			财产：		

(4) 机动车辆保险简易赔案确认书。

报案号；商业保险单号；交强承保公司。

索赔申信息	被保险人		车牌号码		使用性质	
	报案人		联系电话		驾驶员		联系电话	
	出险时间	年 月 日 时 分	出险地点		报案时间	年 月 日 时 分

续　表

	出险原因及经过：						
	兹声明本人所填上述资料均为真实情形，没有任何虚假和隐瞒，否则，愿放弃本保险单一切权利并承担相应的法律责任。 　　　　　　　　　　　　　　　　　　　　　　　被保险人（报案人）签章： 联系电话： 　　　　　　　　　　　　　　　　　　　　　　　　　　　　年　月　日						
查勘意见	驾驶员		准驾车型		驾驶证是否有效		□是　□否
	车牌号码		厂牌车型		行车证是否有效		□是　□否
	车架号(VIN)			发动机号		修理厂名称	
	三者车车牌号码			车型		商业险承保公司	
	修理厂名称			联系电话		交强险承保公司	
	出险原因	□倾覆　□自然灾害　□火灾　□爆炸　□玻璃　□自燃　□划痕　□其他					
	查勘地点	□第一现场　□保险公司　□交警队扣车场　□特约服务站　□非特约修理厂 □其他：					
	是否经交通队处理	是□否□	事故责任		□全责　□主责　□同责　□次责　□无责		
	查勘分析： 查勘员(签字)：　　　　　查勘时间：　　　年　月　日						
标的车损失情况	修理项目		工时金额		更换项目		配件金额
	工时喷漆费用：		材料费用：		残值：		合计金额：
三者车损失情况	修理项目		工时金额		更换项目		配件金额
	工时喷漆费用：		材料费用：		残值：		合计金额：
	被保险人签字		三者车方签字	定损员签字	报价员签章		核赔员签章

(5) 查勘平台系统操作,如图2-47所示。

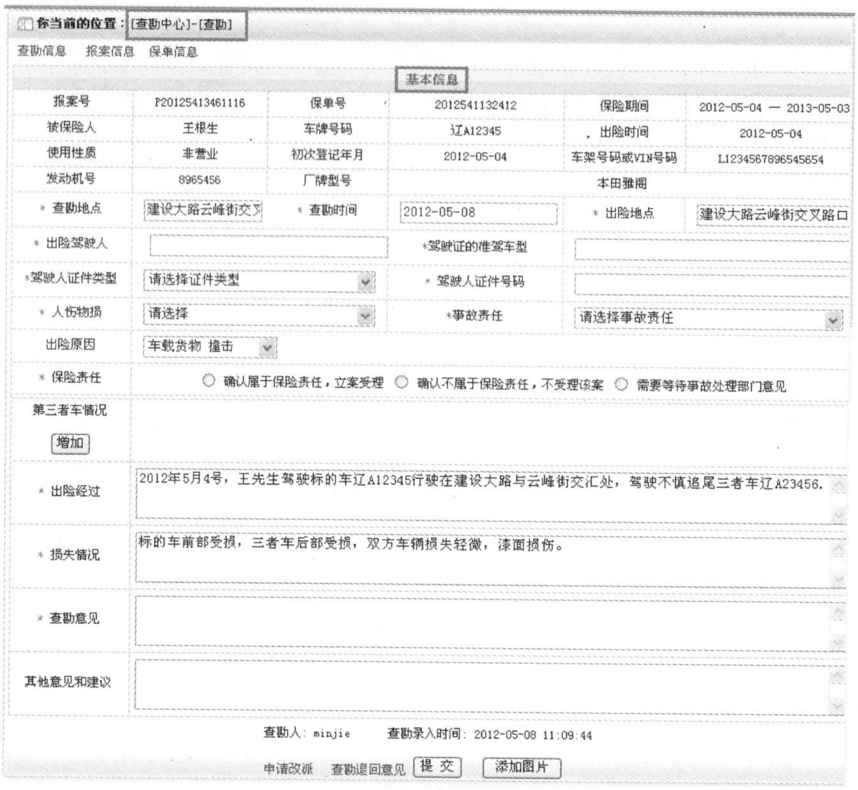

图 2-47 查勘平台界面

附件1:查勘报告填写规范模板

机动车辆保险现场查勘报告

被保险人	张三	保单号码	××××××××	事故号/报案号	××××××××
厂牌型号	别克 SGM6515 ATA 旅行车	车牌号码	京 V02011	车架号(VIN 码)	LSGDC82D39E022571
保险期间	2011年01月10日0时至2012年01月09日24时	使用性质	家庭自用	发动机号	98130005
报案人姓名及联系电话	张二×××××××	与被保险人关系	兄弟	报案时间	2011.04.01

现场查勘情况:张二驾驶标的车京V02011于2011年4月1日上午10时左右与李四驾驶的京V02012相撞,事故情况属实,造成两车损失,三者驾驶员头部受外伤,事故已报交警大队;经到交警大队停车场查勘核实出险车车架号与保单核对一致,经与出现场的××警官核实,双方驾驶员证件正常;但通过与三者驾驶员的交谈,三者驾驶员反映事故现场我方的驾驶员与在交警队里做笔录的驾驶员不一致,已向公司疑案人员汇报,正在查找证据,请核赔人员重点关注交警证明的驾驶员情况,建议后期审核疑案调查报告;据了解事故原因是当时路口红绿灯损坏,责任大概主次,我方车辆速度较快可能负主要责任。

事故责任查勘情况:□全部 ■主责 □同责 □次责 □无责□其他:
车辆损失查勘情况:标的前部
　　　　　　　　三者左前部
人伤亡查勘情况:□死亡 ■受伤姓名:李四 性别:男 □驾驶员 □车上人 ■三者人
其他查勘情况:(施救方式及费用、其它财物损失):需要5吨拖车,施救费用300元/辆,无物损

续 表

出险时间	2011年04月01日10时0分		出险地点		××××××	
事故处理	■交警队 □派出所 □消防队 □其他			事故类型	□单方 ■双方 □其他:	
驾驶证审验:审验合格至2012年04月30日			行车证审验:审验合格至2012年04月30日			
驾驶员	张二	驾驶证号	×××××××××	性别	准驾车型	B
初步判断保险责任:依据机动车辆保险综合条款项的规定,属于保险责任						

预估损失	险别		损失金额	
	车辆损失险		2 800元	
	第三者责任险	车损	2 600元	
		财物	0元	
		人伤	500元	
	施救费		600元	
	预估总额		6 500元	查勘地点:×××××× 客户确认签字:
				查勘员签字:王五 电话:××××××
				查勘时间:2011年04月01日 时

附件2:索赔申请书填写规范模板

机动车辆保险索赔申请书

事故号/报案号:×××××××××××××

被保险人	张三		保险单号	××××××××××××	
厂牌型号	别克SGM6515ATA旅行车	牌照号码	京V02011	车架号/VIN	LSGDC82D39E022571
保险金额	15万元	保险期限	自2011年01月10日0时起至20112年01月09日24时止		
开户名	张三	开户行	××银行××支行	账号	××××××××××××
驾驶员姓名	张二	联系电话	××××××	与被保险人关系	兄弟
出险时间	2011年04月01日10时	出险地点	××××××××		
出险原因及经过描述:张二驾驶京V02011别克车,从望京到北苑去,由东往西方向行驶时,在×××路口与有北往南的京V02012红旗车相碰,造成两车前部损失,对方驾驶员受伤的交通事故,已经报110交警处理。					
车辆损失及人员伤亡情况描述:标的车右前部、三者车左前部受损失					
三者驾驶员:李四头部外伤					
伤者姓名:李四 就医医院:×××××× 伤情:软组织外伤					
交通管理部门:×××××交警大队事故科初步处理意见:主次责任					
放弃索赔专栏	保险公司:				
	感谢贵公司对我车保险事故索赔的真诚帮助!但因				
	(放弃索赔的原因),我自愿放弃此次事故索赔。				
	被保险人签字或委托代理人(签章):×××				
	(如果客户放弃索赔,注意要求客户直接填写这里) 年 月 日				

续 表

报案人声明:本人(或经被保险人授权委托人)确知本出险通知书是向保险人索赔的重要文书。因此,特郑重声明:根据《机动车辆保险条款》之相关规定,以上内容均已如实填写,否则愿意承担法律责任	报案时间:2011 年 04 月 01 日 10 时 30 分
	报案人签字:张二
	报案人与被保险人关系:兄弟
	联系电话:××××××
	被保险人签字(签章):张三　2011 年 04 月 01 日
重要提示: 1. 被保险人签字一栏:被保险人如果是个人,请本人签字;如果是单位,请加盖单位公章。 2. 如果委托他人办理索赔事宜,请务必向保险人递交书面授权委托书。 3. 请按背面《索赔须知》中标注的项目提供相关材料	

任务 5　人身伤害的查勘

一、学习目标

1. 能够掌握人伤案件的操作流程；
2. 能够学会人伤案件的查勘调查；
3. 能够进行人伤费用的确定。

二、学习内容

1. 学习人伤案件的工作流程；
2. 学习人伤案件资料收集的要求；
3. 学习人伤案件赔付的要求；
4. 学习人伤费用的确定方法。

三、资讯

保险事故除了导致车辆本身的损失外，可能还会造成人身伤亡，这些人身伤亡可能构成第三者责任险和车上责任险项下的赔偿对象。人身损伤案件可能涉及法律纠纷，前期能否取得真实可靠的信息对于后期的赔付工作有着极大的影响，因此，要求所有医疗查勘过程中得到的信息必须及时、真实地反映在查勘报告或复查报告中。

（一）知识链接

1. 接受任务

现场查勘人员在接到人伤案件后，根据报案号进入易保系统查询，了解承保信息和出险信息。

2. 联系客户

现场查勘人员接到调度指令后立即与客户取得联系，安慰客户，了解伤者姓名、人数、所住医院、科室，并做相应的记录。根据伤者所住医院的区域分别归类，以便安排好案件调查的行程，提高工作效率。

3. 人伤查勘调查流程

1) 伤者或涉及抢救人员人伤查勘调查规范

(1) 核实出险经过，出险原因；

(2) 现场查勘或复勘，采集相关有效证据，确定损失项目；

(3) 提供有效的抢救或治疗方案，避免损失扩大；

(4) 查验保险单情况，核实保险险种及保险金额；

(5) 查验出险时间地点和经过是否同伤者就诊时间及医院所在地相吻合；

(6) 查明出险时本车和第三者的伤者个人信息等是否同报案情况相符；

(7) 拍摄车辆造成伤者受伤部位照片，确认出险经过及伤情同痕迹吻合；

(8) 根据调查情况完整、详细和准确地录入人伤调查记录；

(9) 核对出险人员相关信息，核验预估损失金额，修改系统预估金额；

(10) 下发索赔单证，指导客户填写相关单证，并告知保户理赔程序及注意事项；

(11) 与医生沟通,了解伤情及治疗方案,判断伤者病情与评残的可能性;
(12) 告知伤者属于交通事故保险客户,检查治疗的报销范围参照医保用药;
(13) 对客户提供的预付或垫付手续进行审核,并及时上报;
(14) 对可能发生纠纷的案件进行全程跟踪,并参与司法鉴定、调解或诉讼;
(15) 运用专业知识,预估二次治疗费用、评残等级等;
(16) 对资料提供完整后的人伤案件根据被保险人索赔项目缮制损失清单;
(17) 对经调查审核不符合保险范围的索赔项目及报损金额,当场告知被保险人;
(18) 如对调查审核中有重大疑点不能确定的及时上报有关领导;
(19) 拍摄或扫描清晰的损失证明,按要求上传系统;
(20) 整合未决赔案,按规定时限提交;
(21) 陪同客户进行司法鉴定评残处理。

2) 涉及死亡人伤查勘调查规范
(1) 核实出险经过,出险原因;
(2) 现场查勘或复勘,采集相关有效证据,确定损失项目;
(3) 对抢救无效死亡的必须核实抢救或治疗方案的合理性,避免损失扩大;
(4) 获取死者家属索赔项目,避免损失扩大;
(5) 查验保险单情况,核实保险险种及保险金额;
(6) 查验出险时间地点和经过是否同死者死亡时间及状态相吻合;
(7) 查明出险时本车和第三者的死者个人信息等是否同报案情况相符;
(8) 拍摄车辆造成死者死亡部位照片,确认出险经过及死亡原因同痕迹吻合;
(9) 根据调查情况完整、详细和准确地录入人伤调查记录;
(10) 核对出险人员相关信息,核验预估损失金额,修改系统预估金额;
(11) 下发索赔单证,指导客户填写相关单证,并告知保户理赔程序;
(12) 对客户提供的预付或垫付手续进行审核,并及时上报;
(13) 对可能发生纠纷的案件进行全程跟踪,并参与调解、诉讼;
(14) 对资料提供完整后的死亡案件根据被保险人索赔项目缮制损失清单;
(15) 对经调查审核不符合保险范围的索赔项目及报损金额,当场告知被保险人;
(16) 如对调查审核中有重大疑点不能确定的及时上报有关领导;
(17) 拍摄或扫描清晰的损失证明,按要求上传系统;
(18) 整合未决赔案,按规定时限提交。

4. 向客户了解事故经过
对客户的出险时间、地点、原因、事故处理部门、责任认定、伤者诊治过程等进行询问、记录;对于与报案有出入的情况到事故处理部门核实。

5. 告知客户索赔需提供的资料及相关的理赔流程
针对人伤索赔手续复杂,各类证明材料合理性不规范的情况,配合岗位操作规范,就客户索赔时提供索赔资料规范如下:

1) 事故中伤者在医院门诊就诊治疗时被保险人所需提供的资料
(1) 门诊病历或者病情诊断书。病情诊断书必须加盖就诊医院的诊断专用章。
(2) 检查报告单原件或复印件。与本次伤情无关的检查费不予赔付。
(3) 医疗费发票原件。必须出具县级以上医疗机构印有当地财政局统一监制的报销联。

(4) 所用药物的明细清单。与本次伤情无关的药费和国家医保规定的自费药品不予赔付。

(5) 交通费证明。如有交通费，需为因受害人就医或者转院所实际发生的费用，以正式票据为凭；有关凭据应当与就医地点、时间、人数、次数相符合（一般为公交车票，需要急救可以雇佣出租车，但标准以当地运管、物价部门制定的收费为准，次数为一次）。

(6) 营养费证明。如有营养费，需鉴定机构或者医疗机构出具的符合伤情的鉴定书意见为准，同时营养费范围应该是因为伤者实际伤情所需要的营养药品。

(7) 误工费证明。需提供医院出具符合伤情的建休证明，受害人有固定收入的必须提供因误工而实际减少的收入证明，如事故发生前三个月的收入证明、工资条或用工劳动合同，若收入超出缴纳个人所得税标准，需提供纳税证明或所从事行业的执业证书，无法提供上述证明的以当地上一年度同行业平均收入为标准；无固定收入的参照事发地的统计部门颁布的城镇居民可支配收入或农村人均纯收入标准。

(8) 伤者身份证复印件或户籍证明复印件。户籍证明复印件必须提供伤者户籍所在地公安部门出具的户别性质有效证明，最标准的为死者户籍所在地公安部门出具的标准版本的"户籍身份证明"，同时医院病历、发票、检查报告上伤者名字必须与伤者身份证一致。

(9) 交警队出具的事故责任认定书，以及事故损害赔偿调解书、法院民事调解书或判决书、仲裁机构出具的调解书各一份。

(10) 由交警队或受害人本人提供的加盖有交警队事故处理专用章和受害人（或受益人）签章的经济赔偿证明。

2) 事故中伤者住院治疗后被保险人所需提供的资料

(1) 急（门）诊病历或者病情诊断书。病情诊断书必须加盖就诊医院的诊断专用章。

(2) 急（门）诊检查报告单原件或复印件。与本次伤情无关的检查费不予赔付。

(3) 急（门）诊医疗费发票原件。必须出具县级以上医疗机构印有当地财政局统一监制的报销联。

(4) 急（门）诊所用药物的处方或明细。与本次伤情无关的药费和国家医保规定的自费药品不予赔付。

(5) 入院病程记录，手术记录复印件。住院病历首页、续页，病程记录，手术记录等；需加盖病案专用章、医务科专用章。

(6) 入院后的住院费用（明细）清单。与本次伤情无关的费用和国家医保规定的自费药品及其他自费项目不予赔付。

(7) 住院期间检查报告单复印件。与本次伤情无关的检查费不予赔付。

(8) 出院诊断证明原件。出院证、出院小结、出院病情诊断书等。

(9) 住院医疗发票原件。必须出具县级以上医疗机构印有当地财政局统一监制的报销联。

(10) 伤者身份证复印件或户籍证明复印件。户籍证明复印件必须提供伤者户籍所在地公安部门出具的户别性质有效证明，最标准的为死者户籍所在地公安部门出具的标准版本的"户籍身份证明"，同时医院病历、发票、检查报告上伤者名字必须与伤者身份证一致。

(11) 误工费证明。需提供医院出具符合伤情的建休证明，受害人有固定收入的必须提供因误工而实际减少的收入证明，如事故发生前三个月的收入证明、工资条或用工劳动合同，若收入超出缴纳个人所得税标准，需提供纳税证明或所从事行业的执业证书，无法提供上述证明的以当地上一年度同行业平均收入为标准；无固定收入的参照事发地的统计部门颁布的城镇居民可支配收入或农村人均纯收入标准。

（12）住院期间护理费证明。产生护理费用的，必须由所在医院提供陪护证明及护理时间、人数，并提供专业护理发票或者护理亲属的误工证明及工资收入证明(参照误工费证明标准)。

（13）交通费证明。因受害人就医或者转院所实际发生的费用，以正式票据为凭；有关凭据应当与就医地点、时间、人数、次数相符合(一般为公交车票，需要急救可以雇佣出租车，但标准以当地运管、物价部门制定的收费为准，次数为一次)。

（14）营养费证明。需鉴定机构或者医疗机构出具的符合伤情的鉴定书意见为准，同时营养费范围应该是因为伤者实际伤情所需要的营养药品。

（15）续医费证明。需提供医疗机构或者司法鉴定机构出具的符合病情的证明。

（16）交警队出具的事故责任认定书，以及事故损害赔偿调解书或法院民事调解书(判决书)、仲裁机构出具的调解书。

（17）由交警队或受害人本人提供的加盖有交警队事故处理专用章和受害人(或受益人)签章的经济赔偿证明。

3) 事故中造成伤残的提供的资料

（1）急(门)诊病历或者病情诊断书。病情诊断书必须加盖就诊医院的诊断专用章。

（2）急(门)诊检查报告单原件或复印件。与本次伤情无关的检查费不予赔付。

（3）急(门)诊医疗费发票原件。必须出具县级以上医疗机构印有当地财政局统一监制的报销联。

（4）急(门)诊所用药物的处方或明细。与本次伤情无关的药费和国家医保规定的自费药品不予赔付。

（5）入院病程记录，手术记录复印件。需加盖病案专用章、医务科专用章。

（6）入院后的住院费用(明细)清单。与本次伤情无关的费用和国家医保规定的自费药品及其他自费项目不予赔付。

（7）检查报告单复印件。

（8）出院诊断证明原件。出院证、出院小结、出院病情诊断书等。

（9）住院医疗发票原件。必须出具县级以上医疗机构印有当地财政局统一监制的报销联。

（10）伤者户籍证明复印件。提供伤者户籍所在地公安部门出具的户别性质有效证明，最标准的为死者户籍所在地公安部门出具的标准版本的"户籍身份证明"，同时医院病历、发票、检查报告上伤者名字必须与伤者身份证一致。

（11）误工费证明。需提供医院出具符合伤情的建休证明，受害人有固定收入的必须提供因误工而实际减少的收入证明，如事故发生前三个月的收入证明、工资条或用工劳动合同，若收入超出缴纳个人所得税标准，需提供纳税证明或所从事行业的执业证书，无法提供上述证明的以当地上一年度同行业平均收入为标准；无固定收入的参照事发地的统计部门颁布的城镇居民可支配收入或农村人均纯收入标准。

（12）住院期间护理费证明。产生护理费用的，必须由所在医院提供陪护证明及护理时间、人数，并提供专业护理发票或者护理亲属的误工证明及工资收入证明(参照误工费证明标准)。

（13）交通费证明。因受害人就医或者转院所实际发生的费用，以正式票据为凭；有关凭据应当与就医地点、时间、人数、次数相符合(一般为公交车票，需要急救可以雇佣出租车，但标准以当地运管、物价部门制定的收费为准，次数为一次)。

（14）营养费证明。需鉴定机构或者医疗机构出具的符合伤情的鉴定书意见为准，同时营养费范围应该是因为伤者实际伤情所需要的营养药品。

(15) 续医费证明。需提供医疗机构或者司法鉴定机构出具的符合病情的证明。

(16) 残疾证明。具有评估资格的伤残鉴定机构出具的伤残鉴定书(鉴定内容必须包括充分的鉴定数据)并提供鉴定部门及人员的资格证书。

(17) 被抚养人证明。凡涉及被抚养人生活费的赔付,男60周岁女55周岁以下需提供被抚养人丧失劳动能力的证明(必须由县或县级以上劳动鉴定部门,民政部门出具),户口本复印件(需能够证明伤者的户口性质),必须提供被抚养人户籍所在地派出所出具的"家庭成员关系证明"及被抚养人有效的身份证明,如受害人之外的抚养人不具备抚养能力,必须提供该抚养人所在地劳动能力鉴定机构出具的相关证明。

(18) 续医费证明。需提供医疗机构或者司法鉴定机构出具的符合病情的证明。

(19) 残疾辅助器具证明。需提供省级残疾用具装配中心出具的合理的配置意见及费用标准。

(20) 院外护理证明。需提供就诊医院或司法鉴定机构提供陪护证明及护理时间、人数。

(21) 精神损害赔偿证明。必须是由法院调解或判决的,并提供相应的判决书或调解书。

(22) 交警队出具的事故责任认定书,以及事故损害赔偿调解书或法院民事调解书(判决书)、仲裁机构出具的调解书。

(23) 由交警队或受害人本人提供的加盖有交警队事故处理专用章和受害人(或受益人)签章的经济赔偿证明。

4) 事故中涉及死亡提供的资料

(1) 急(门)诊病历或者病情诊断书。病情诊断书必须加盖就诊医院的诊断专用章。

(2) 急(门)诊检查报告单原件或复印件。与本次伤情无关的检查费不予赔付。

(3) 急(门)诊医疗费发票原件。必须出具县级以上医疗机构印有当地财政局统一监制的报销联。

(4) 急(门)诊所用药物的处方或明细。与本次伤情无关的药费和国家医保规定的自费药品不予赔付。

(5) 入院病程记录,手术记录复印件。需加盖病案专用章、医务科专用章。

(6) 入院后的住院费用(明细)清单。与本次伤情无关的费用和国家医保规定的自费药品及其他自费项目不予赔付。

(7) 检查报告单复印件。

(8) 出院诊断证明原件。出院证、出院小结、出院病情诊断书等。

(9) 住院医疗发票原件。必须出具县级以上医疗机构印有当地财政局统一监制的报销联。

(10) 死者户籍证明复印件。需能够证明死者的户口性质,最标准的为死者户籍所在地公安部门出具的标准版本的"户籍身份证明",同时医院病历、发票、检查报告上伤者名字必须与死者身份证一致。

(11) 误工费证明。需提供受害人死亡前的误工证明,有固定收入的必须提供因误工而实际减少的收入证明,如事故发生前三个月的收入证明、工资条或用工劳动合同,若收入超出缴纳个人所得税标准,需提供纳税证明或所从事行业的执业证书,无法提供上述证明的以当地上一年度同行业平均收入为标准;无固定收入的参照事发地的统计部门颁布的城市或农村人均收入标准。

(12) 住院期间护理费证明。产生护理费用的,必须由所在医院提供陪护证明及护理时间、人数,并提供专业护理发票或者护理亲属的误工证明及工资收入证明(参照误工费证明标准)。

(13) 交通费证明。因受害人就医或者转院所实际发生的费用,以正式票据为凭;有关凭据应当与就医地点、时间、人数、次数相符合(一般为公交车票,需要急救可以雇佣出租车,但标准以当地运管、物价部门制定的收费为准，次数为一次）。

(14) 续医费证明。需提供医疗机构或者司法鉴定机构出具的符合病情的证明。

(15) 死亡证明。当场死亡需提供法医尸检报告，经医院抢救的需提供医学死亡证明，公安机关的销户证明或火化证等。

(16) 被抚养人证明。凡涉及被抚养人生活费的赔付，男60周岁、女55周岁以下需提供被抚养人丧失劳动能力的证明（必须由县或县级以上劳动鉴定部门，民政部门出具），户口本复印件（需能够证明死者的户口性质），必须提供被抚养人户籍所在地派出所出具的"家庭成员关系证明"及被抚养人有效的身份证明，如受害人之外的抚养人不具备抚养能力，必须提供该抚养人所在地劳动能力鉴定机构出具的相关证明。

(17) 事故处理人员误工证明。参加事故处理人员的误工费，原则上最高不超过3人7天；有收入的请提供收入证明，无固定收入的参照事发地的统计部门颁布的城市或农村人均收入标准，同时提供处理人员身份证明。

(18) 精神损害赔偿证明。必须是由法院调解或判决的，并提供相应的判决书或调解书。

(19) 交警队出具的事故责任认定书，以及事故损害赔偿调解书或法院民事调解书（判决书）、仲裁机构出具的调解书。

(20) 由交警队或受害人本人提供的加盖有交警队事故处理专用章和受害人（或受益人）签章的经济赔偿证明。

6. 人身伤亡费用的确定

医疗审核人员应根据保险合同规定和有关法律、法规确定人身伤亡的费用，具体做法和要求如下：

(1) 在保险事故中出现人身伤亡时，应当立即将受伤人员送到医院急救，以抢救生命和控制伤情。目前，我国大多数保险公司在承保了第三者责任险或者车上责任险的情况下均向被保险人提供"医疗急救费用担保卡"，有的还与有关医院签订协议，建立保险事故受伤人员急救"绿色通道"，以确保保险事故受伤人员能够得到及时治疗。

(2) 按照《道路交通事故处理办法》的规定：人身伤亡可以赔偿的合理费用主要包括受伤人员的医疗以及相关费用、残疾赔偿费用、死亡人员的赔偿以及相关的处理费用、抚养费用和其他费用。受伤人员的医疗费用是指受伤人员在治疗期间发生的由本次事故造成损伤的医疗费用（限公费医疗的药品范围），与医疗相关的费用是指在医疗期间发生的误工费、护理费、就医交通费、住院伙食补助费等。赔偿费用是指残疾者生活补助费和残疾用具费。死亡人员的赔偿是指死亡补偿费，与死亡相关的处理费用是指丧葬费。抚养费用是指死亡人员的被抚养人的生活费。其他费用是指伤亡者直系亲属及合法代理人参加交通事故调解处理的误工费、交通费和住宿费。

(3) 被保险人向保险人提出索赔前应对所有费用先行支付，而后将取得的单证以及相关资料提交给估损人员作为索赔依据，定损人员应及时审核被保险人提供的事故责任认定书、事故调解书和伤残证明以及各种有关费用单证。费用清单应分别列明受害人姓名及费用项目、金额以及发生的日期，见表2-5、表2-6。

表2-5 被保险人提供的各种有关费用单证

护理费	1. 县级以上医院诊断证明（已注明需要护理）； 2. 护理人员单位劳资部门出示的误工证明及收入情况证明； 3. 护理人员最多2人	1. 有固定收入的，凭据计算，但最高为事故发生地平均生活费3倍； 2. 无固定收入的，按事故发生地的平均生活费计算

续 表

残疾者生活补助费	1. 法医鉴定书； 2. 计算公式： 年平均生活费×赔偿年数×伤残等级比例	按照交通事故发生地平均生活费计算： 1. 50周岁（含）以下，评残之日起赔偿20年； 2. 50周岁以上，每增长1岁减少一年。但不少于10年； 3. 70周岁以上按5年计算； 4. 伤残分为10个等级人伤
人伤	见人伤损失索赔时提供索赔资料	

表2-6 人伤索赔项目需提供的证明材料附表

序号		人伤损失索赔时提供索赔资料
门诊救治伤者索赔需要资料	1.2.3.5.6.7.12.16.17.18.19.20	1. 门诊病历本原件；住院病历本（病案首页、病情记录、手术记录、各种检查报告单、医嘱单、住院医疗明细单、出院记录）复印件；出院诊断证明（出院证、出院小结、出院诊断书等）原件； 2. 医疗费用原始发票（无原始票据不赔付）； 3. 门诊医疗费用处方签；住院医疗费用清单； 4. 续医费用证明； 5. 护理证明，必须由所在医院提供陪护证明及时间，造成残疾需要出院后护理的还需要提供残疾鉴定部门的陪护证明及时间； 6. 造成伤者及护理人员误工的，需要提供伤者及护理人员事故前三个月及休假（护理）期间工资表，误工证明及工资减少证明，若收入超出个人所得税缴纳标准需提供税单； 7. 劳动合同（伤者、护理人员）； 8. 具有评估资格的伤残鉴定机构出具的伤残鉴定书（鉴定内容应包括充分的鉴定数据）； 9. 丧葬费发票、火化证明； 10. 公安机关出具的死者户口注销证明； 11. 医院、司法鉴定所或公安机关等相关部门出具的医学死亡证明、法医尸检报告。（必须有尸检报告）； 12. 身份证复印件（死、伤者）； 13. 户口本复印件、户籍性质证明（伤者、死者、被抚养人）； 14. 抚养人与伤者（死者）之间法律规定的抚养关系证明（村委或居委会出具，公安机关盖章）； 15. 被抚养人未达到法定抚养年龄而丧失劳动能力需要提供县级以上劳动鉴定部门或民政部门出具的被抚养人丧失劳动能力证明； 16. 住宿费、交通费原始票据（与处理事故地点、时间、人数、次数相符）； 17. 交通事故责任认定书； 18. 损害赔偿调解书、判决书（交警或法院）； 19. 经济赔付凭据； 20. 仲裁机关出具的民事仲裁书；法院民事判决书、调解书（诉讼案件需提供）
住院救治无定残伤者索赔需要资料	1.2.3.4.5.6.7.12.16.17.18.19.20	
临床治愈后定残伤者索赔需要资料	1.2.3.4.5.6.7.8.12.13.16.17.18.19.20	
死亡人员索赔需要资料	9.10.11.12.13.14.15.16.17.18.19.20	
如有被抚养人索赔资料	13.14.15	

（4）收到被保险人提供的上述单证后，定损人员应认真进行审核，根据保险条款和《道路交通事故处理办法》，对不属于保险责任范围内的损失和不合理的费用，精神损失补偿费，困难补助费，处理事故人员差旅费、生活补助、招待费、请客送礼费等应予以剔除，并在人员伤亡费用清单上"保险人的意见"栏内注明剔除项目及金额。

学习情境3 损失定损

【岗位描述】

　　查勘定损人员在接到公司调度员的派工赶到定损现场,依据现场调查和定损原则,确定出险事故车辆的损失项目,确定维修方式及价格,确定残值折价,确定施救费用;对损失项目进行取证拍照,并录入系统,上传案件定损资料。

【知识目标】

　　1. 学习定损的原则、方法、流程及要求;
　　2. 学习一般事故及重大与特殊案件造成损失的定损处理方法。

【能力目标】

　　1. 了解机动车定损的基本概念、定损流程、人身伤亡费用的确定、其他财产损失的确定、施救费用的确定等和机动车定损相关的问题;
　　2. 掌握车辆的维修方法和维修工艺;
　　3. 掌握机动车钣金件的估损;
　　4. 掌握机械和电气部件的估损;
　　5. 了解喷漆工艺过程,掌握喷漆费用的估算;
　　6. 掌握车辆全损的确定和残值的处理;
　　7. 掌握工时定额和费率的来源和计算方法,掌握零配件的种类及价格的来源;
　　8. 掌握估损报告的制作方法。

【工作流程】

　　损失定损流程如图 3-1 所示。

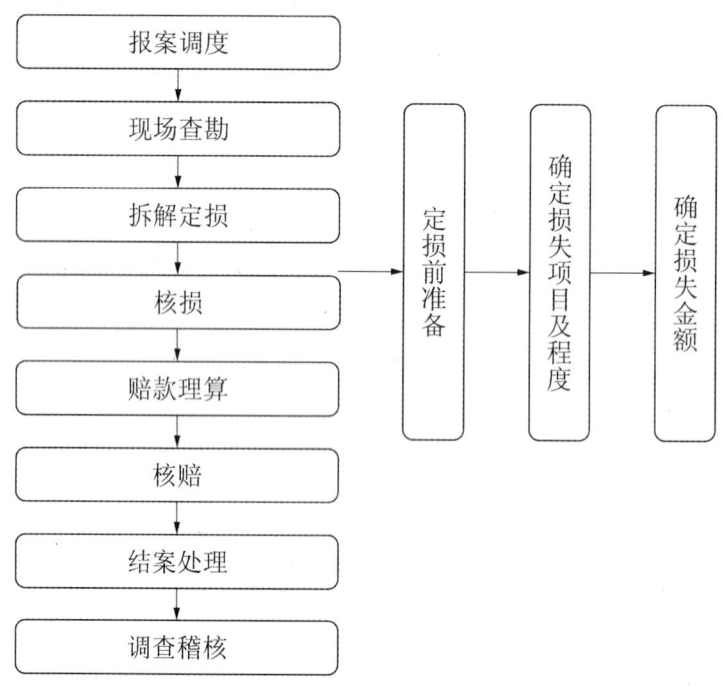

图 3-1　损失定损流程图

【情境案例】

2013年2月19日,王先生上午驾驶标的车沪AB6666行驶在上班的路上。由于前一天晚上下雪,路面湿滑,在行驶到申滨路与仙霞西路交汇处,避让一行人时,由于路面较滑,刹车不及,刮到路边的路灯杆上,造成标的车右前部受损,向保险公司报案,查勘员接到任务调派。到达现场,审核相关信息。相关信息审核完毕,进行现场取证。取证完毕,进行查勘资料的填写。现场查勘完毕,查勘员指导客户到修理厂进行定损,拨打报案电话。定损员接到调度派工,客户已经到达××修理厂,等待定损。联系完客户,到达修理厂,进行损失取证。取证完毕,对配件进行询价,缮制定损单。

任务1 定损前工作

一、学习目标

1. 能够了解运用定损方法和定损原则;
2. 能够通过系统内定损平台对案件的保险信息、报案信息、查勘信息、关联案件信息进行查询;
3. 能够通过碰撞事故原因确定事故损失。

二、学习内容

1. 学习接受定损调度,系统内查询承保情况、报案情况、现场查勘情况,已结案案件或临近案件情况;
2. 学习定损方式和定损原则;
3. 学习联系客户和第三者,确定好定损点的地址和时间。

三、资讯

事故车辆损失的定损与估价是一项技术性很强的工作,要求估损人员掌握必要的物价管理知识、汽车结构和性能方面的专业知识和修理方面的专业知识,并且要具有丰富的实际操作经验,能准确认定车辆、总成和零件的损伤程度,适当掌握"修理和更换"的界限。估损人员应根据事故车辆的损伤情况,准确认定保险赔付范围及赔付方式。对于车辆外覆盖件来说,应必损伤程度和损伤面积为依据,确定修复方法;对于功能件来说,判断零件的更换或修理存在一定的难度,估损人员必须能够灵活应用汽车结构和性能方面的专业知识,准确判定事故与损伤的因果关系。汽车功能零部件性能的下降或受损可能有两方面原因:一是由于汽车行驶里程的增加或不正当保养,零部件产生磨损而性能降低;二是在道路交通事故中,由于碰撞力的作用使零部件丧失部分或全部功能。估损人员应正确区分:哪些是车辆本身故障所造成的损伤?哪些是车辆正常使用过程中零件自然磨损、老化造成的损伤?哪些是使用、维护不当造成的损伤?哪些是损伤后没有及时进行维护修理致使损伤扩大的?哪些是碰撞直接或间接造成的损伤?然后依照机动车辆保险条款所列明的责任范围,明确事故车辆损伤部位和赔付范围。对于保险赔付责任范围内的损伤,估损人员应当能够按照科学的程序,借助原厂零部件和工时手册或者专业估损手册,进行精确估损。

(一)知识链接

事故车辆经现场查勘后,已明确属于保险责任而需要修理时,保险人应对出险车辆的修复费用进行准确、合理的定损。

事故车辆的定损包括对事故车辆所造成损失的鉴定、维修方案的制定、零部件维修或更换的界定、所更换零部件的价格、整体维修工时费、更换零部件的残值等项内容。它是集保险业务知识、理赔专业知识及事故车辆定损专业知识于一体的、复杂的、专业性强的一项系统工程,是车险理赔工作中的重中之重。

1. 一般车损案件定损

(1) 认真查验受损标的,确定受损部位、损失项目、损失程度,损失严重的应将车辆解体后再确认。

(2) 查看现场相片记录、损失相片痕迹记录,核对出险原因、经过及大概损失情况是否相符,有无扩大损失部分。

(3) 沿着碰撞力传递路线系统地检查车辆配件的损伤,直到没有任何损伤痕迹的位置,以防遗漏间接损失。间接损失较难全面地确定和分析,定损人员在定损时必须设法找出各个部位变形的痕迹,并检查所有螺栓、垫片或其他紧固件有没有发生移动或离位,有没有露出未涂漆的金属面,内涂层有无开裂或出现裂纹等,同时又要注意间接损失和非事故损失的区分。

(4) 确定损伤是否限制在车身范围内,是否还包含功能部件、元件或隐藏件(如车轮、悬架、发动机、仪表台内藏件等),根据碰撞力传导范围、损伤变形情况和配件拆出来后的损失相片区分事故损伤与拆装损伤。

(5) 严格按拆装、钣金修复、机修、电工、喷漆分类确定修理项目和按碰撞线路和碰撞力传导线路确定换件项目,并及时记录相片中反映出的零配件型号、规格及零配件上有的配件编码。

(6) 根据报价管理规定对确定更换的配件进行报价;根据维修当地工时费标准确定维修工时价格。

(7) 拍摄所有损失零部件照片。

(8) 委托案件受理机构已完成车辆定损的,如委托机构与被保险人协商,事故车辆需拖回委托机构所在地修理的,原则上以委托机构重新定损结果为准,委托机构在缮制时导入新的定损信息,受理机构原有定损信息不再修改。

(9) 对于损失金额较大的事故车辆,在修复完工、客户提取车辆之前,应对维修方案的落实情况、更换配件的品质和修理质量进行检验;也可采取修复中抽检的形式;复检的结果应在定损单上注明,如发现未更换定损换件或未按定损价格更换相应配件,应在定损单上扣除相应的差价。

(10) 对损失金额较大、双方难以达成定损协议、受损标的鉴定技术高,难以确定损失的案件,报总公司理赔部批示后,可聘请专家或委托公估机构定损。

(11) 定损中应注意区分本次事故和非本次事故造成的损失,事故损失和正常维修保养的界限,对于非本次事故的损失或者非事故原因造成的损坏应该予以剔除。

(12) 残值扣减金额,并将旧件统一收回处理。

(13) 注意定损权限,对超权限案件应及时上报。

2. 水灾车损案件定损

汽车遭受水淹损坏一般分为静态进水损坏和动态进水损坏两种形式。汽车在停放过程中遭受暴雨或洪水侵入甚至淹没属于静态进水;在行驶过程中,或强行涉水未果使车辆被水淹没,叫动态进水。不论静态进水还是动态进水,都有可能造成汽车遭受不同程度的损失。

1) 定损原则

（1）快速原则。对水灾车辆的定损工作，重点突出"快速"，拖延时间不仅会导致部分零部件加重损失甚至导致报废，还会给合理定损带来困难，并产生理赔纠纷。

（2）顺序原则。先高档车后普通车；先轿车后货车；先严重泡损后轻微受损；先电脑控制模块、线路、电器后其他部位；先清洗烘干后检测维修；先定内部损失后定外观损失。

（3）清洗费用包干原则。为体现快捷服务，避免拖延时间产生更大损失，对于仅遭受水浸、未产生其它损失的车辆，可以采取对事故车辆清理费一次性包干的方法，由维修厂负责自行处置。

2) 具体要求

水灾车损有两种不同形式：一种是车辆在行驶过程中遭遇水灾，容易造成发动机的损坏；另一种是车辆在停放过程中遭遇水灾，容易造成车内装饰件、电器元件及各种仪表的损坏。

易损电气元器件的处理主要有电脑模块、仪表、继电器、音响、开关、传感器、线束、接插件、发电机、起动机等。按功能可分为传感器、控制器、执行器，前者不易受损，后两者容易受损。

处理方法：及时从车上拆下，进行排水清洁，有污泥的可以先用清水和小毛刷清洁，再用无水酒精擦净并晾干（不能长时间用无水酒精洗，以免腐蚀电子元件）或用电吹风吹干。

（1）安全气囊的传感器现在大多和控制模块集成在一起，一般单独的传感器都是用硅胶封装的，一般不易损坏；点火线圈封装得较好，受损的概率也较小。

（2）发电机和起动机的线圈线径都较粗，本身也有绝缘漆保护，可以采用"拆解—清洗—烘干—润滑—装配"的流程处理，但对一些无法拆卸的雨刷电机、玻璃升降器电机、喷水电机、后视镜电机、鼓风机电机等无法适用，应干燥测试后确定换否。

（3）车身线束的处理主要是清洁干燥，特别对线束的接插件要处理得当，一般在清洗、干燥后喷除锈防锈剂（WD-40等）。

3) 发动机和底盘部分的检查

处理检查发动机气缸是否进水，方法有：

（1）可以拔出机油尺查看润滑油的颜色，如果机油已乳化或有水珠，则必须清洗发动机换机油。

（2）将发动机火花塞拆下，人工转动曲轴，观察是否有水从火花塞孔排出（禁止使用起动机驱动曲轴的方式）。如果曲轴转动轻松毫无阻力，说明内部机件基本没有变形，再通过测量气缸压力，比较各缸的数值，如果数值接近或差异在允许范围内说明发动机内部机件正常，可向缸内注入机油10~15毫升，以润滑缸壁为启动发动机做准备。如果转动曲轴有阻力，或者气缸压力数值差异过大，则必须解体发动机进行检修，否则会造成损失扩大。

（3）检查变速箱、主减速器、差速器是否进水。如果这些部位进水会影响上述总成内的润滑油质量，造成齿轮恶性磨损，甚至总成报废。自动变速箱对油质的要求更高，必须及时检查处理避免更大损失。变速箱的修理可找专业维修公司。

（4）检查制动系统。对于水浸位置高过制动液壶的，应更换制动液。进水的制动液会变质，导致制动效能降低，甚至失效。

（5）检查排气管。应将排气管里的积水排除，以免水中杂质堵塞三元催化器或损坏氧传感器。

4) 车身内饰的处理

车身内饰件主要是地毯、内饰板、座椅等，材质有棉麻纺织品、羊毛、皮革等。处理程序：清洗→脱水→晾晒→美容→除味。

（1）地毯可以清洗后放在烘房内烤干或在太阳下晒干，也可以用蒸汽清洗。

（2）内饰板可以清洗其表面的水渍后平放晒干或晾干，清洗剂的pH值不大于10。

3. 推定全损

推定全损是指车辆损失已经达到一定程度，估计修复费用高出车辆修复后的市场价值，或者施救难度大，施救费用高于车辆价值。对于此类车辆定损，应把握如下原则：

1) 详细拍照

详细拍照事故现场、施救过程、车辆水淹深度相片。准确反映车辆损失的状态。由于此类车辆残值均通过拍卖处理，所以车辆不宜解体。

2) 残值估价

对推定全损车辆残值估价，遵照如下原则：

(1) 要考虑残值的实际市场价值，这类车辆虽然水淹严重，但部分总成还可以利用，应充分考虑其剩余价值、修理后价值等因素，以利准确估价；

(2) 要考虑对残值的施救成本，如果施救成本大于或等于残值的市场价值，残值应按照零计算，但多数情况下车辆是有价值的。

3) 对推定全损案件，一定要确认损坏零部件的项目与金额

采取与实际价值进行比较的方式，并将损失项目确认书，附加在案卷中。

4) 注意定损权限

因推定全损案件一般涉及金额较大，在定损中一定把握好定损权限，超权限案件应及时上报，并跟踪落实回复意见。

4. 火灾车损案件定损

一般情况下，汽车起火的原因可分为自燃、引燃、碰撞起火、爆炸、雷击等5种类型。其中，除自燃以外的后四种原因导致的车辆起火燃烧比较容易鉴别，保险责任容易确认，在赔付方面基本上已包含在车损险的赔付范围以内。而自燃险由于条款对不同使用性质的车辆承保的责任不同，所以，对火灾车损的案件查勘定损的重点是确认是否属于自燃险的保险责任。

不管是什么原因引起的车辆起火，其损失状态基本可以分为整体燃烧、局部燃烧两种。下面对起火车辆的损失情况进行分析。

1) 全部损失

整体燃烧，过火面积接近或达到100%。损失状态：全车线束、仪表台、内饰件、电器、座椅烧损；发动机附件、金属壳体烧融变形；车身钣金件高温脱碳（表面漆层大面积烧毁）。造成主要部件均无修复利用价值。这种状态基本上已达到车辆全损的程度了。这类车损在定损中要注意两点：

(1) 通过查勘，确认火因。有必要的话对起火原因展开进一步调查，判定是碰撞起火、外来火源还是自燃，明确事故责任方，为确认保险赔付方案打好基础。

(2) 准确核定残值。一般此类车辆的残值只能作废品出售，准确定价后交由被保险人处理。

2) 部分损失

局部燃烧，过火面积没有达到车辆报废的程度，还可修复。这类车损可以分为三种损失状态：①机舱着火造成发动机前部线路、发动机附件、部分电器、塑料制件烧损；②轿壳或驾驶室着火；造成仪表台、音响设备、内装饰件烧损；③货运车辆货箱内着火。

在定损中要注意：

(1) 区分损坏件和已过火但还可修复使用件，准确核定损失项目。一般电路、胶管、塑料件等，只要过火，都无法修复；对于机械配件，可根据表面漆层的颜色仔细判别过火程度，过火程度轻微的要尽量修复。

(2) 对承载金属件（指车架、前、后桥、壳体类）应考虑是否因燃烧而退火、变形。货车车架过火

的,要根据变形严重程度和变形部位确定损失,一般轻微过火可通过修理恢复使用;涉及承载部位过火的,可考虑采用局部加强的工艺修理;严重过火且修理后难以恢复承载性能的通过审批方可进行更换。

5. 盗抢险案件定损

(1) 对全车被盗抢,在规定期限内公安机关没有破获的案件,根据合同约定直接在考虑折旧和免赔因素后计算赔款;

(2) 对全车被盗抢后在合同规定期限内公安机关破获或找到,车辆完好的,车辆直接交被保险人,案件零结处理;

(3) 对被盗抢或抢夺期间所造成的车辆的损失,按照损失金额,参照一般车损案件定损处理办法定损,在盗抢险项下计算赔款。

(二) 工作实施

定损准备工作主要包括:现场查勘情况、电话联系客户和第三者,确定好定损方式、地点和时间、准备工具、文具及相关资料,如图3-2所示。

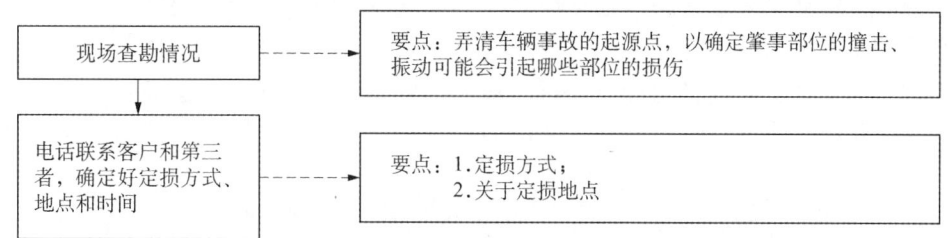

图3-2 定损准备流程

1. 了解现查勘情况

定损员通过系统中定损平台,如图3-3所示,查询报案信息、查勘信息中的"车辆的事故原因经过、事故碰撞痕迹简单描述"、"现场图"和"现场查勘笔录"及"现场照片"。在必要的情况下,还原事故发生经过,从而了解弄清车辆事故的起源点,以确定肇事部位的撞击、振动可能会引起哪些部位的损伤。

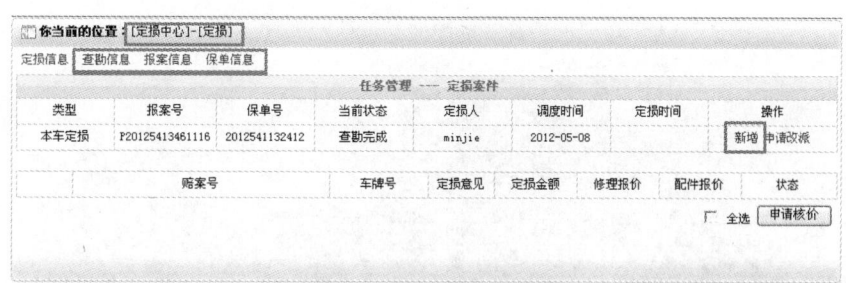

图3-3 定损平台查询界面

2. 电话联系客户和第三者,确定好定损方式、地点和时间

定损是对保险事故所造成的损失情况进行现场和专业的调查和查勘,对损失的项目和程度进行客观和专业的描述和记录,对损失价值进行确定的过程。

1) 协商定损

协商定损是由保险人、被保险人以及第三方协商确定保险事故造成的损失费用的过程。

2) 公估定损

公估定损是由专业的公估机构负责对保险事故造成的损失费用进行确定的过程。保险公司根据公估机构的检验报告进行赔款理算。这种引入由没有利益关系的第三方负责定损核损工作的模式能更好地体现保险合同公平的特点,避免了合同双方的争议和纠纷。

3)聘请专家定损

聘请专家定损是对于个别技术性、专业性要求极高的案件,聘请专家进行定损,以保证全面、客观、准确地确定保险事故造成的损失费用,维护合同双方的合法权益。目前,在车险实务中通常采用的是办商定损方式。

- 定损地点:一般为保险人指定的专业定损点,特殊情况可由客户指定。
- 定损时间:在讲究定损时效的情况下,以约定的时间为准。

四、实训

(一)案例分析

发动机进水后,未经检修继续使用导致发动机报废。

【案例】某保险公司承保的一辆别克凯越的车主报案称:其驾驶车辆行驶时,突然听到发动机发出一声巨响,发动机就熄火了。停车查看车下,发现发动机油底壳破裂,机油大量泄漏。经过对发动机进行解体检查,发现二缸连杆折断,连杆断臂将缸体及油底壳顶裂。破裂痕迹呈现由内向外的状态,如图3-4、图3-5所示。

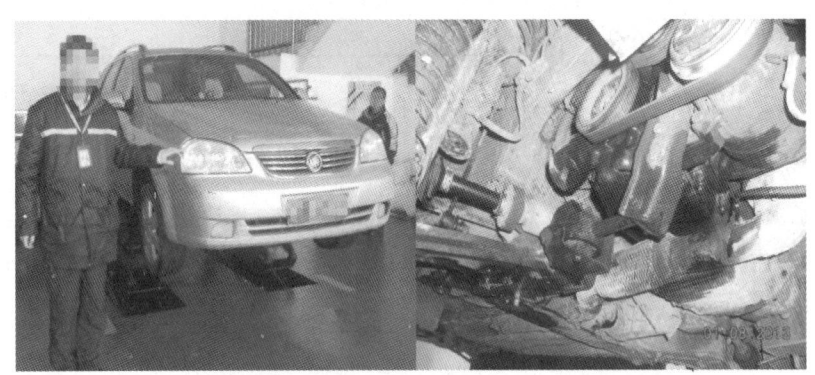

图3-4 车辆前部状态完好油底壳下面的配件没有碰撞痕迹

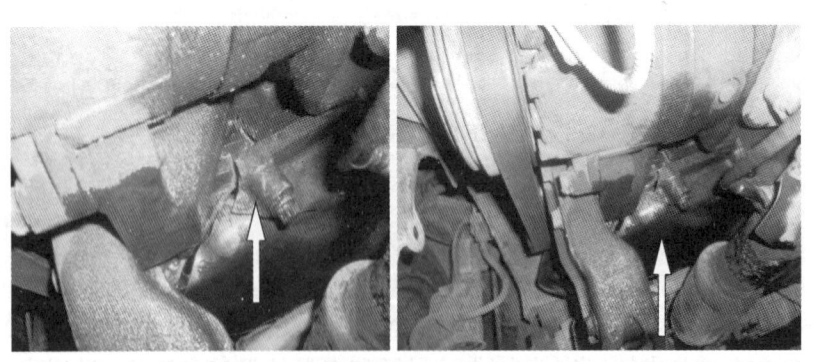

图3-5 油底壳破裂痕迹油底壳、缸体呈由内向外破裂状态

点析:现场查勘及车辆检验结果证实:现场地面平整,无障碍;前保险杠、前横梁、排气管等安装位置较低的配件均未见碰撞痕迹。说明车辆没有与外界物体碰撞。

经过进一步调查了解到:该车曾在数月前的雨季涉水行驶,发动机曾在水中熄火,车主对发动机没有经过彻底修理,只是更换了机油,简单做了排水处理就继续使用,结果导致连杆折断,造成发动机损失扩大。大量的水淹事故案例证明:车辆行驶时发动机燃烧室进水会造成连杆的弯曲,继续使用会导致连杆材质发生疲劳折断,最终酿成发动机杵缸的严重后果。

(二)实训步骤

步骤	内容
1.	情境脚本学习、设计,见"情境设计"
2.	定损用具的检查
3.	定损资料的检查
4.	查勘车的检查
5.	其他用具的检查
6.	系统内查询保险信息、报案信息、查勘信息、关联案件信息

(三)情境设计

1. 案例设计

2013年2月19日,王先生早上驾驶标的车沪AB6666行驶在上班的路上。由于前一天晚上下雪,路面湿滑,在行驶到申滨路与仙霞西路交汇处,避让一行人时,由于路面较滑,刹车不及,刮到路边的路灯杆上,造成标的车右前部受损,向保险公司报案,查勘员接到任务调派。到达现场,审核相关信息。相关信息审核完毕,进行现场取证。取证完毕,进行查勘资料的填写。现场查勘完毕,查勘员指导客户到修理厂进行定损,拨打报案电话。定损员接到调度派工,客户已经到达修理厂,等待定损。

2. 情境对话

定损联系客户

客户:你好。

定损员:你好,您是沪AB6666车主吗?

客户:是的。

定损员:你好,我是××保险公司定损员,负责为您的车辆进行定损。您现在在××修理厂是吗?

客户:是的,你们什么时间过来?

定损员:请您稍等,不要着急。我们正在赶往您那里的路上,大约20分钟到,请您在修理厂稍作休息,我们很快就到。

客户:好的。

3. 工具

查勘包、相机、手机、录音笔、损失确认书(零部件更换清单)、损失确认书(工时费清单)、签字笔、写字板、易碎贴、查勘车、地图、探照灯、电脑、M-AI车险业务综合实训系统。

4. 场地

车险理赔综合实训道场。

5. 情境考核

考核项目	教师评判
定损用具	相机□ 电话□ 印泥□ 写字板□ 签字笔□ 用电设备电池□
定损资料	损失确认书(零部件更换清单)□ 损失确认书(工时费清单)□
查勘车	外观□ 油量□ 仪表灯□ 车上用具□ 行驶性□ 转向性□ 制动性□
其他资料	地图□ 三角尺□ 易碎贴□ 探照灯□
联系客户	及时□ 不及时□ 用语规范□ 用语不规范□
系统内查询	保险信息□ 报案信息□ 查勘信息□ 关联案件信息□

任务2　损失更换标准

一、学习目标

1. 掌握汽车的基本构造；
2. 掌握钣金件的维修及更换标准；
3. 掌握塑料件的维修工艺及标准；
4. 掌握电器件的维修及更换标准；
5. 掌握其他结构的维修工艺及标准。

二、学习内容

1. 学习汽车的整体构成；
2. 学习钣金件的维修及更换标准；
3. 学习塑料件的维修及更换标准；
4. 学习电器件的维修及更换标准。

三、资讯

（一）知识链接

1. 车身件更换标准

（1）车身严重变形，无法采用修复工具校正到标准数据，或单独部位损失严重无法修复，但只提供车身总成的车型，可给予更换车身。

（2）对损坏车身进行维修的费用，大于更换车身的费用。

更换车身参考示意图，如图 3-6—图 3-8 所示。

图 3-6　底板严重变形—更换车身壳体

图3-7 整车身严重变形—更换车身壳体

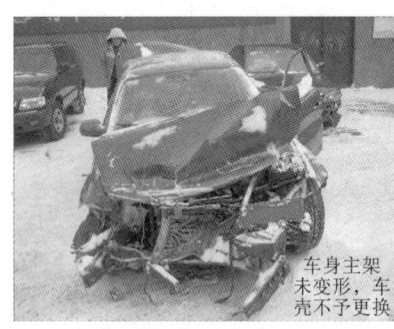 

图3-8 车身主框架未变形—不能更换车身壳体

2. 车架更换标准

(1) 当车架发生严重变形,在承重部位发生歪曲、凹曲、皱褶和扭曲时,修复后无法恢复载重性能时,方可更换车架总成。

(2) 车架的修复费用接近新件价值时,方可更换车架总成。

凡需更换车身总成或车架总成的,必须报上一级核损部门审批,经同意后方可更换。

3. 局部钣金件

1) 更换条件

钣金部件在损失严重不能修复,或修复后不能恢复原样并明显影响外观,或修复后无法按原标准装配的,可给予更换。

2) 钣金件修复

损坏以弯曲变形(弹性变形)为主可进行修复;损坏以折曲变形(塑性变形)为主应进行更换。

(1) 弯曲变形

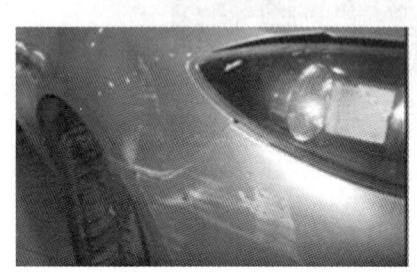

图3-9 弯曲变形可修复

弯曲变形(弹性变形)的特点,如图3-9所示:损伤部位非损伤部位的过度平滑、连续;通过拉拔矫正可使其恢复到事故前的形状,而不会留下永久性的变形。

弯曲变形(弹性变形)的修复方法:先对车身结构的整体变形和钣金件上间接损伤进行拉拔、矫正,然后对钣金件表面,特别是直接损伤的撞击点进行整平作业。即使撞损不是很严重,车身没有整体变形,也要修理间接损伤,再修理直接损伤部位。如果间接损伤中有挤缩变形(隆起或卷曲变形),应先进行拉拔使之展开,然后在折曲部位进行整平作业,并使弹性变形得以恢复后,再对直接损伤的撞击点进行整平处理。

(2) 折曲变形

折曲变形(塑性变形)的特点,如图3-10所示:变形程度剧烈,曲率半径很小,通常在很短的长度上弯曲90°以上;矫正后,零件上仍有明显的裂纹和开裂,或者出现永久变形带,不经高温加热处理不能恢复到事故前的形状。

图3-10 折曲变形可更换

折曲变形(塑性变形)更换原则:

① 如果损伤发生在配件的平面区域,则钣金修复要容易得多。当配件的棱角、边沿处发生了折曲变形,多数情况下只能采取更换的方法,如车门玻璃框折曲。

② 如果损伤部位处于纵梁的端部附近,而且压偏区并未受到影响或变形的范围影响不大,通过拉拔即可矫正的,则必须修复;如果压偏区已出现折曲,并将碰撞力传递到后部,造成后部也变形,则必须予以更换。

4. 塑料件的修与换

价值较低的塑料件破损以更换为主;价值较高的塑料件,如保险杠裂纹小于100毫米,孔洞直径小于30毫米可采取修补的方式维修;塑料油箱损坏由于影响安全必须更换;整体破碎以更换为主;尺寸较大的基础零件,受损以划痕、微裂、穿孔为主,且拆装困难,更换成本高的以修复为主;表面无漆面,且不能采用粘接修理的塑料零件,如果表面光洁度要求高,一般以更换为主。

1) 塑料件修换原则

热塑性塑料件损伤以修复为主,热固性塑料件损伤需更换。

2) 热塑性塑料件特点

(1) 反复加热而变软,其外观及化学成分并不发生变化,冷却后即变硬,可用塑料焊机焊接,太阳灯加热修复变形。

(2) 在受到热、催化剂或紫外线的作用后会产生化学变化,其固化后的形状是永久性的,再加热和使用催化剂也不会使其变形,其无法焊接,但可用无气流焊机进行"粘结"。

前、后保险杠为易受损部件,在定损时应注意,保险杠在受损程度不大时是可以通过塑焊、加热整形等工艺进行修复,如图3-11、图3-12所示。

 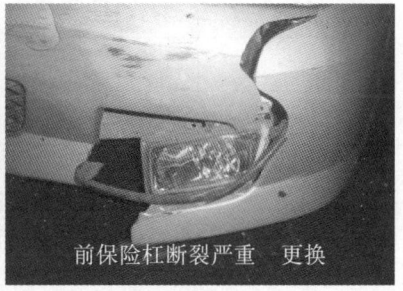 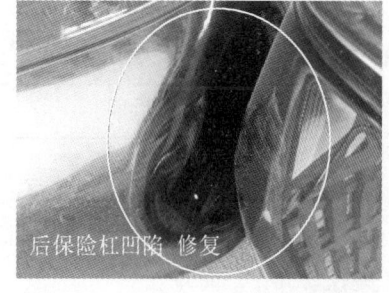

图3-11 小面积断裂可塑焊修复大面积断裂可更换   图3-12 凹陷——可加热整形修复

3) 车身塑料件鉴别方法

(1) 查看ISO识别码:此码常在注塑时模压在塑料件上,通常需要拆下该零件,常标在注模号或零件码前面。缩写符号,见表3-1。

(2) 查阅车身修理手册。

表 3-1 常用汽车塑料的名称及应用

符号	化学名称	应用举例	属性
AAS	丙烯腈-苯乙烯	—	热塑性
ABS	丙烯腈-丁二烯-苯乙烯共聚物	车身板、仪表板、护栅、大灯外罩	热塑性
ABS/MAT	玻璃纤维-强化硬质-丙烯腈-丁二烯-苯乙烯共聚物	车身板	热固性
ABS/PVC	丙烯腈-丁二烯-苯乙烯共聚物、聚氯乙烯	—	热塑性
EP	环氧树脂	玻璃钢车身板	热固性
EPDM	乙烯-丙烯二烯共聚物	保险杠冲击条、车身板	热固性
PA	聚酰胺	外部装饰板	热固性
PC	聚碳酸酯	护栅、仪表板、灯罩	热塑性
PPO	聚苯撑氧	镀铬塑料件、护栅、仪表前板、大灯外罩、装饰件	热塑性
PE	聚乙烯	内翼子板、内衬板、阻流板	热塑性
PP	聚丙烯	内饰件、内衬板、内翼子板、散热器挡风帘、仪表板、保险杠、面罩	热塑性
PS	聚苯乙烯	—	热塑性
PUR	聚氨酯	保险杠面罩、前后车身板、填板	热固性
TPUP	热塑性聚氨酯	保险杠面罩、防石板、填板、软质仪表前板	热塑性
PVC	聚氯乙烯	内衬板、软质填板	热塑性
RIM	反应注模聚氨酯	保险杠面罩	热固性
RRIM	强化反应注模聚氨酯	外车身板	热固性
SAN	苯乙烯-苯烯腈	内衬板	热固性
TPR	热塑橡胶	帷幔板	热塑性
UP	聚酯	玻璃钢车身板	热固性

5. 电器、灯光部件的修复、更换标准

(1) 电机类。对发电机、启动机、刮水器电机、水箱电机等电动机类,未观察到表面受损的,不得更换。

(2) 灯具类。确定更换的灯具配件,必须达到损伤不可修复程度。构成更换的依据为:灯罩表面损坏、灯壳破损的条件;可以粘接的灯壳角,必须坚持修复。对外壳受损的灯具,需注意是否提供单独的灯壳;更换的大灯总成必须注意其中总成件所包含的附件,不得重复列入。前照灯维修的标准,如图 3-13 所示。

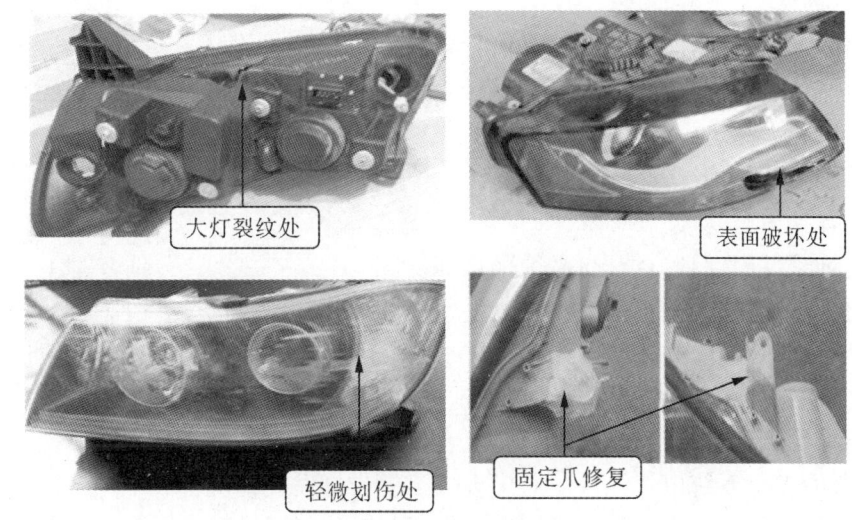

图 3-13 大灯修换标准

6. 发动机部件的修复、更换标准

(1) 对需更换发动机总成、中缸体总成的,必须报总公司理赔部批示,经同意后方可更换。

(2) 对无损坏的保养性配件不得列入更换项目。

(3) 对出现损坏而不可以修复或修复后影响功能发挥的配件,应给予更换。

(4) 对确定损坏的电气元件,必须是出现严重的损坏并修复后影响功能的配件,可列为更换项目。无明显损坏的配件,必须提供专用仪器的测量证明材料。

(5) 对确定更换的,如启动机、发电机、增压泵、输油泵等总成件,必须按照汽车维修资料数据来更换。对未出现明显损坏的曲轴、凸轮轴配件等,确认更换时必须按照汽车维修资料数据,并证明已经超出维修范围不可以修复。

(6) 对确认更换发动机托架的标准为:托架螺栓安装孔与车梁螺栓孔位置偏差大于 5 毫米,并无法修复。

7. 传动机构部件的修复、更换标准

(1) 确定更换变速箱总成、减速/分动箱总成,必须提前得到审核部门的批准文件。

(2) 对出现损坏而不可以修复或修复后影响功能发挥的配件,应列为更换配件项目。

(3) 对确定损坏的电气元件,必须是出现严重的损坏并修复后影响功能的配件,可列为更换项目。无明显损坏的配件,必须提供专用仪器的测量证明材料。

(4) 对出现严重壳体件损坏时,应确认为更换损坏的壳体部分。对壳体出现轻微裂痕时,应确认为修复工艺解决。

(5) 对损坏的自动变速箱,视情况决定维修或按 4S 店标准更换自动变速箱。

8. 悬挂部件的修复、更换标准

(1) 对确认更换悬挂臂/杆的标准,必须是车轮和悬挂臂/杆出现严重的变形。对悬挂臂/杆未出现明显的变形的,必须提供 4 轮定位仪器的测量结果,并证明超出调整范围的文件。

(2) 对确认更换减振器的标准为,其表面出现严重的损坏痕迹,或芯杆伸出转动摆差大于 0.5 毫米。

(3) 对确认更换传动轴时,必须出现严重的损坏或弯曲现象。

9. 座椅部件的修复、更换标准

(1) 对座椅变形的情况,必须坚持对座椅骨架进行修复的工艺。

(2) 对确认座椅损坏或表面损坏而需要更换总成的情况,必须提供品牌厂家无单独配件提供的文字证明。

(3) 对座椅表面划伤情况,必须坚持修复。

10. 内装饰部件的修复、更换标准

(1) 对内装饰部件出现划痕情况,必须坚持修复。

(2) 确定更换标准:损坏严重而又无法修复、表面撕裂的配件。

11. 安全性部件的修复、更换标准

(1) 确定修复和更换安全性配件必须以保证恢复功能、恢复可靠性为目的。

(2) 确认更换的配件必须是表面发生损坏、有事故引起的电气性损坏故障。

(3) 确定制动/安全系统电气元件。对出现故障警告灯发亮情况:

① 从诊断仪器中得到静态故障代码,确认是否属于元器件故障。

② 用诊断仪器消除故障代码或切断电源5分钟,拆解检查所指故障元件后恢复。

③ 起动发动机并行驶运转制动工况状态。

④ 再用诊断仪器进行功能诊断,当此次指示故障与初期指示故障一致,则确认元器件为的确发生故障。否则,不得记入损坏项目。

(4) 对未在事故中发生作用的安全性配件,例如,未作用的安全带、安全气囊、安全气帘、连接线等,不得列入更换项目。对确定电脑控制器,必须使用专用诊断仪器进行复位、清除故障、再运行、再诊断程序后确认。

12. 汽车玻璃简介及真伪判断技巧

1) 玻璃类别

(1) 钢化玻璃。玻璃经骤冷,内部晶体结构发生变化。与普通玻璃相比具有更强的抗弯曲能力和抗击打能力,而且破碎后呈颗粒状,能避免伤害人体。

(2) 夹层玻璃。由两片或多片玻璃原片用PVB膜牢固粘合而成,破碎时碎片被PVB膜粘住,不易伤人,只是形成辐射状裂纹,还能保持原来的形状和可见度,在一定时间内可继续使用。

(3) 防弹玻璃。由两片以上无机或有机玻璃和PVB胶片在一定温度和压力下胶合在一起,具有阻止子弹穿透的特性。

2) 玻璃商标印刷方法

(1) 喷砂。用细小的金刚砂在玻璃表面上生成小凹坑,商标呈灰白色,如图3-14所示。

图3-14 喷砂展示

(2) 丝网印刷。在玻璃进高温炉定型前使用特殊油墨印刷到玻璃表面,高温定型完成后,油墨渗入玻璃并与之结晶,商标一般呈黑色。

3) 汽车玻璃商标基础知识

汽车玻璃商标的基本含义,如图 3-15 所示。

图 3-15 玻璃商标的含义

任务3 确定损失项目

一、学习目标

1. 能够遵循"公平公正"的保险补偿原则；
2. 能够严格细致，客观真实评估标的车损失，防范道德风险；
3. 能够提高车险的理赔质量，提高客户满意度。

二、学习内容

1. 学习核对证件，询问事故经过，比对查勘信息；
2. 学习根据查勘信息确切地评估出保险责任范围内的汽车受损程度、范围及受损部件；
3. 学习按照损失清单，逐个确定损失细目及损坏程度，并拍照取证；
4. 学习确定更换与维修的配件及辅料。

三、资讯

（一）知识链接

首先要准确认定保险赔付的范围，其实就是对损失认定"修"还是"换"。对于车辆的外覆盖件来说，应以损伤程度和损伤面积为依据，确定修复方法。对于功能件来说，判断零件的更换或修理存在一定的难度，要做到准确判定事故原因及损伤形成的因果关系。因此，在对事故车辆进行定损核价之前，除了要做到准确、合理、符合事故车辆的定损，还必须弄清事故车辆的修理范围。

1. 基本定损方法

1）修理范围的鉴别

（1）区别事故损失与机械损失的界限。对于车辆损失险，保险公司只承担条款载明的保险责任所导致事故损失的经济赔偿。凡因刹车失灵、机械故障、轮胎爆裂以及零配件的锈蚀、朽旧、老化、变形、断裂等所造成的损失，不负赔偿责任。若因这些原因而构成碰撞、倾覆、爆炸等保险责任的，对当时的事故损失部分可予以负责，非事故损失部分不能负责赔偿。

（2）区分本次事故与非本次事故损失的界限。属于本次事故碰撞部位，一般会有脱落的漆皮痕迹和新的金属刮痕；非本次事故的碰撞处往往会有油污和锈迹（个别小事故定损、估价、赔偿后，车主未予修复，应避免重复估价）。

（3）区分事故维修和正常维修的界限。正常维修是依据汽车修理标准排除存在的故障，恢复正常性能。而事故车辆维修是恢复到发生事故前的技术状态。

事故车辆在定损时，凡与本次事故无关的部分，即使存在问题也不必关注。如一辆已行驶20万公里的汽车，不幸发生了碰撞造成气缸盖碰坏，定损时确定要更换的是气缸盖，由于更换气缸盖时必须更换气缸垫、进排气歧管垫、排气管接口垫、气门油封、气门室罩盖垫，因此，上述配件费用和工时费用，可确定为事故造成的损失。但是，如果拆卸时发现气门已严重磨损，则可认定与本次事故无关，相关维修费用应由车主承担。

2）定损确认的技术依据

（1）了解出险车辆的总体结构及整体性能；

(2) 掌握受损零部件拆装难易程度及相关拆装修理工作量；

(3) 掌握受损零部件的检测技术；

(4) 掌握修理过程中所需的辅助材料及用量；

(5) 掌握和了解出险车辆竣工后的检查鉴定技术标准。

3) 定损的基本步骤

(1) 鉴定时可以按照由前向后、由左向右、由外向内，再按车身、发动机、电器、底盘等顺序进行定损。

(2) 确定事故车辆的维修方案，并对损坏的零部件由表及里进行登记，且依据修复、更换的类别进行分类。

(3) 根据所确定的更换零件充分使用 PDA 查询配件价格并确定材料费用。

(4) 根据已确定的维修方案及修复难易程度确定维修工时费用并与被保险人进行沟通。

(5) 完整、准确填写"机动车辆保险查勘定损记录"，请被保险人确认，"查勘意见"，栏目中须详细描述事故经过，切忌出现"属于保险责任"等主观判断性字句。

(6) 定损时被保险人、第三者、修理厂及保险公司等各方均应在场，在明确了修理范围、修理项目，确定所需费用及签订"事故车辆估损单"后，方可让事故车辆进厂修理。

(7) 定损结束后，需当场发放"机动车辆保险索赔通知书"。

(8) 完成理赔工作操作流程，一般一个工作日内录入系统，分类上传照片及单证。

4) 定损时应注意的问题

定损人员在事故车辆的定损过程中，在确保被保险人的权益不受侵害、不影响车辆性能的前提下，遵守"公平公正，能修不换"的保险补偿原则，参照当地交通运输管理部门规定的修理工时及零配件价格，对事故车辆的损伤部位逐项进行审定，做到合理准确。定损人员在进行事故车辆的定损时应注意以下问题，见表 3-2。

表 3-2 定损时的注意事项

定损时应注意的问题	内　　容
损失鉴定	如车辆损失原因不明确，或仅从外观难以确定部件是否损坏，需要进行技术鉴定，经各分支机构客户服务中心负责人审批后，可以进行技术鉴定，鉴定费用可以赔偿
追加修理项目	应尽可能一次性完成定损工作，尽量避免第二次损失鉴定。但对于比较严重的事故，可能需受损车辆解体后，发现尚有因本次事故造成的损失而未被确认的项目，需要增加修理项目的，由被保险人或修理单位填写"保险车辆增加修理项目申请单"，经定损人员核实并逐级审，出具"机动车辆保险车辆损失情况确认书"，经被保险人同意并签字后方可追加修理项目和费用
未定损先修车情况的处理	受损车辆未经保险公司和被保险人共同查勘定损耐自行送修的，根据条款规定，保险人有权重新核定修理费用或拒绝赔偿。在重新核定时，应对查勘记录，逐项核对修理项目和费用，剔除其扩大修理和其他不合理的项目和费用
残值处理	换件残值应积极协助被保险人进行处理，并合理作价，在定损金额中扣除
不得强制派修	保险车辆或第三者受损车辆在确定损失金额后，可推荐被保险人到指定的合作修理厂维修，但不能强制送修。如被保险人自选修理厂，而与修理厂在修理方案、价格上产生分歧，要求公司给予支持时，定损人员可给予保险人在技术与价格咨询方面的帮助

5) 损失修换标准

常损零件修与换的掌握,如表 3-3 所示。

表 3-3 损失修换标准

常损零件大类	具 体 事 项	
承载式车身结构件	标准	弯曲变形就修,折曲变形就换
	弯曲变形的特点	① 损伤部位与非损伤部位过渡平滑、连续; ② 通过拉拔矫正可使它恢复到事故前的形状,而不会留下永久的塑性变形
	折曲变形的特点	① 曲变形剧烈,曲率半径小于 3 毫米,通常在很短的长度上弯曲可达 90°以上; ② 矫正后,零件上仍有明显的裂纹或开裂,或者出现永久变形带,不经调温加热处理不能恢复到事故前的形状
	其他注意事项	① 车身折曲后的矫正过程中钢板内部发生了什么变化; ② 那些仅有一些小的折曲变形或裂纹的大结构件也必须更换; ③ 当决定采用更换结构板件时,应完全遵照制造厂的建议; ④ 高强度钢在任何条件下,都不能用加热法来矫正
非结构钣金件	前翼子板	① 损伤没有达到必须将其从车上拆下来才能修复,只是中部凹陷,则修理; ② 损伤达到必须将其从车上拆下来才能修复,且前翼子板价格低廉,供应流畅,材料价格达到或接近整形修复的工时费,则更换; ③ 每米长度超过 3 个折曲、破裂变形或已无基准形状的,应考虑更换; ④ 如果每米长度不足 3 个折曲、破裂变形,且基准形状还在,则修理; ⑤ 如果修复工时费明显小于更换费用,应考虑以修理为主
	三厢车的后翼子板	由于不可拆卸性,该后翼子板只有修理的可能性都应采取修理的方法修复
	车门	① 如果门框产生塑性变形,一般来说是无法修复的,应考虑更换; ② 许多汽车车门面板式作为单独零件供应,损坏后可单独更换
	发动机罩和行李箱盖	① 要将两层分开进行修理,如果不需将两层分开,则不应考虑更换; ② 若需两层分开整形修理,应先考虑工时费加辅料与其价值关系,如工时费加辅料接近或超过其价值,则不应考虑修理,反之,则考虑修复
塑料件		① 燃油箱及要求严格的安全结构件,不应考虑更换; ② 整体破碎应以更换为主; ③ 价值较低、更换方便的零件应以更换为主; ④ 着力集中部位以更换为主。如富康车尾门铰链、撑杆锁机处; ⑤ 是基础零件且尺寸较大,为划痕、擦伤或穿孔,拆装麻烦、更换成本高或无现货供应,则考虑维修; ⑥ 表面无漆面的,不能使用氰基丙烯酸酯黏结法修理的,且表面洭街度要求较高的,一般更换

续表

常损零件大类		具体事项
机械类零件	悬挂系统、转向系统	① 于车轮外倾、主销内倾、主销后倾，首先可通过检查轮胎的磨损是否均匀，初步判断事故前车轮定位情况； ② 再检查车身定位尺寸，消除如败臂橡胶套的磨损等原因； ③ 校正好车身后，再做车轮定位检测； ④ 如果车轮定位检测仍不合格，再根据其结构、维修手册判断具体的损伤部位，逐一更换、检测，直至损伤部件确认为止
	铸造基础件	由于焊接都会造成变形，一般考虑更换
电器件		熔断器、熔丝链、大限流熔断器要更换，应使用同一规格的熔断器
		自动式断路器可自动复位循环使用

(二) 工作实施

1. 车损项目定损

车损项目定损，如图 3-16 所示。

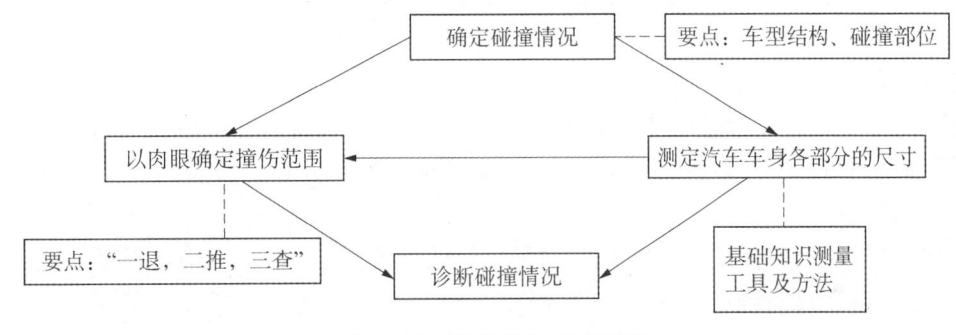

图 3-16 确定损失项目流程

1) 确定碰撞情况

到达定损地点，确定被保险人和第三者身份后，锁定标的车，会同专业的修理厂技师开始评估，目测确定碰撞部位。

评估前应注意的安全事项："两看、一闻、一用"。具体如下：

(1) 一看破碎的玻璃棱边或锋利的刀状或锯齿状金属边角，防割；

(2) 二看机油或齿轮油泄漏，防滑；

(3) 闻是否有汽油泄漏气味，防火；

(4) 用汽车升降机进行底盘件或精细件检查。

2) 目测确定碰撞范围

汽车碰撞范围示例，如图 3-17 所示。

基本要求："一退，二推，三查"。具体如下：

(1) 首先要后退几步离开汽车，对其进行总体观察。

(2) 根据碰撞位置判断碰撞如何扩散，推断出损伤位置以及所有的损伤是否都是由同一起事故引起的。

图 3-17 汽车碰撞范围

(3) 沿碰撞力扩散的路径查找车身薄弱部位,具体从以下几个方面来识别:
① 钣金件的截面突然变形,如图 3-18 所示。
② 零部件支架断裂、脱落及遗失,如图 3-19 所示。

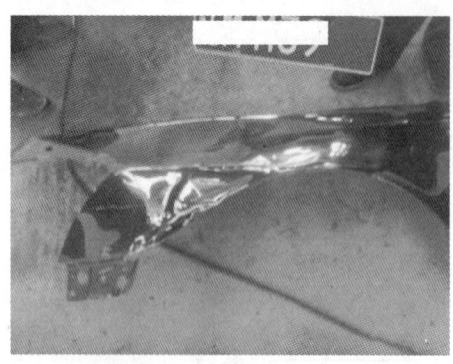   

图 3-18 钣金的变形　　　　　　图 3-19 前照灯的损坏

③ 检查车身部位的间隙和配合,如车门。
④ 检查汽车本身的惯性损伤。主要注意对象为质量较大的部件,如发动机及离合器总成。对于承载式车身结构还需查看车身与发动机及底盘的结合部是否有变形。
⑤ 检查来自乘员及行李的损伤。常见损伤有方向盘、仪表工作台、方向柱护板及座椅、CD机、音频功率放大器等。

(4) 测定汽车车身各部分的尺寸。由于碰撞往往会造成二次损伤,所以只通过目测是远远不够的,对于碰撞部位附近需要加以详细检测,同时借助相应的工具及仪器设备。

3) 确定损失项目

确立维修项目(缮制定损单)主要包括:损失项目的确定,更换项目的确定,拆装项目的确定,修理项目的确定,待查项目的确定,如图 3-20 所示。

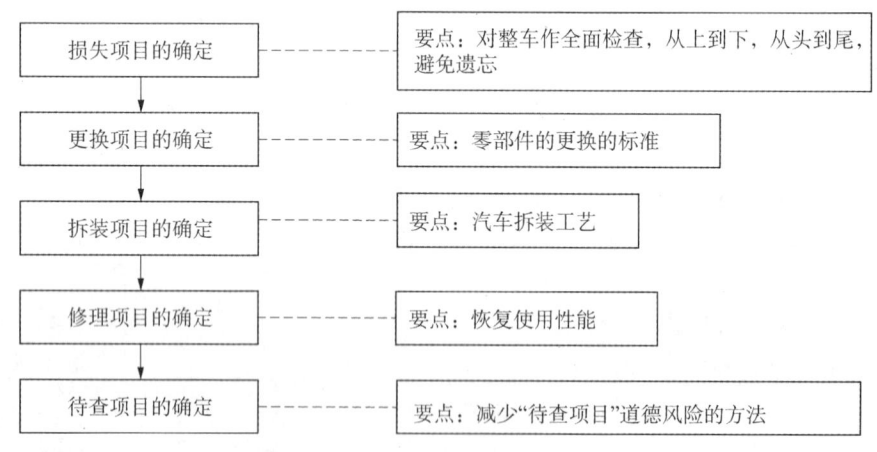

图 3-20 维修项目确定的流程图

损失项目的确定原则是仅限于本次事故所造成的损失,能修理的零部件,尽量修复,不要随意更换,能局部修复的不扩大到整个修理;能够更换零部件的不更换总成。

(1) 损失项目确定的流程,如图 3-21 所示。

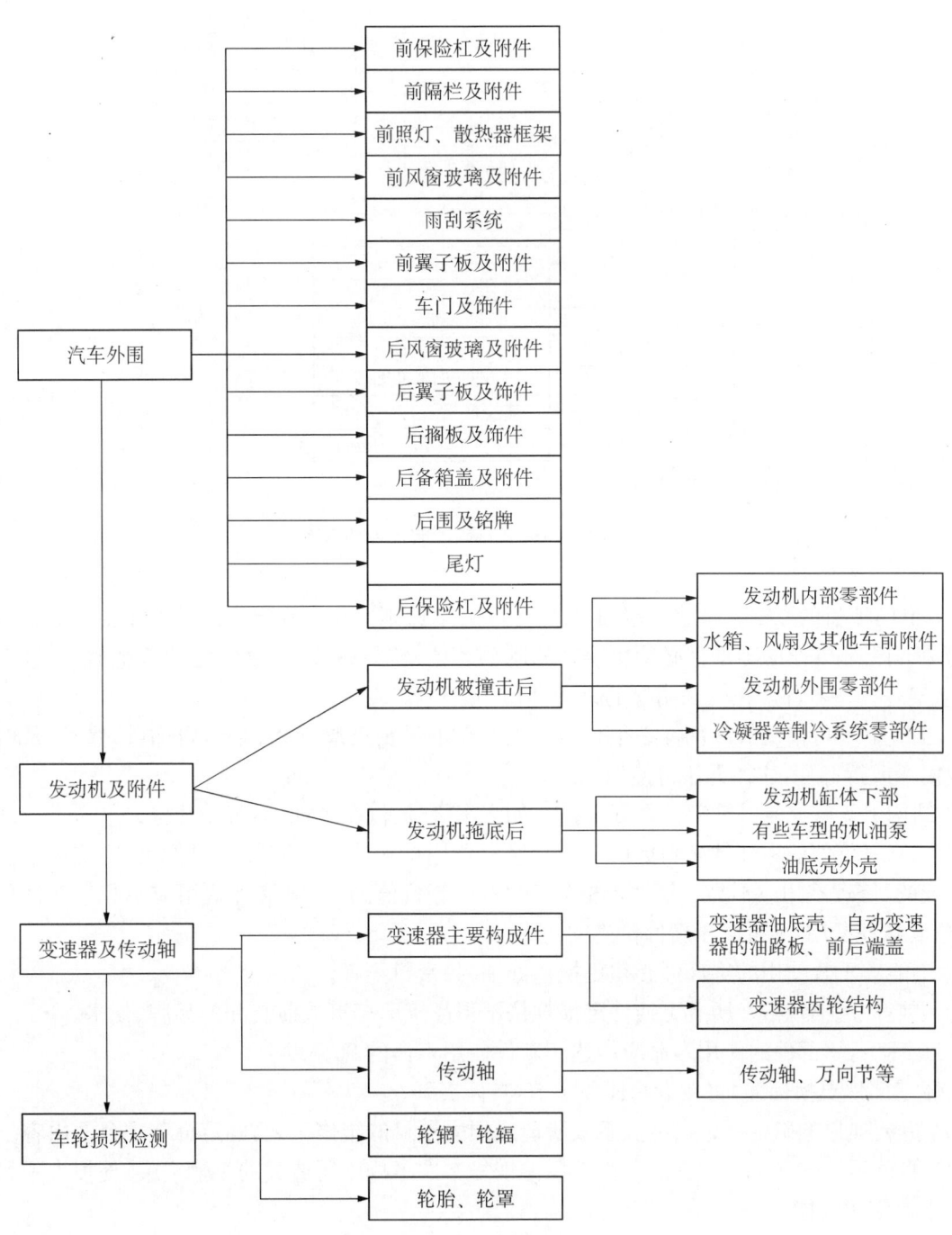

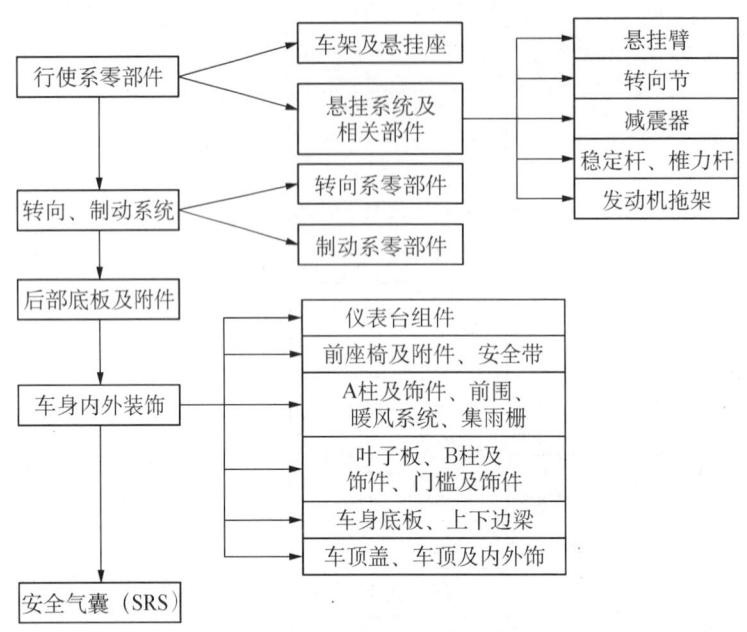

图 3-21 损失项目确定的过程和次序

(2) 更换项目的原则。事故车定损坚持"尽量修复原则",在实际定损过程中需要灵活运用:

① 影响行车安全的零部件必须更换。如制动系统、转向系统、安全气囊的传感器,行驶系统的车桥、悬架等一些零部件在受到明显的机械性损伤后更换。

② 工艺上不可修复的零部件必须更换。如胶贴的风窗玻璃饰条、车门内饰条、翼子板饰条等,一旦被损坏或拆卸后,往往无法再使用。

③ 结构上无法修复的零部件必须更换。如汽车灯具、汽车玻璃、后视镜片等。

④ 无修复价值的零部件必须更换。若其修复费用接近或超过零部件原价值,则应更换。一般价值较低的,修理费用应不高于新件价格的 30%;中等价值的,一般修理费用应不高于新件价格的 50%,总成修理费用,不可高于新件价格的 80%。

⑤ 不能够重复使用的零部件必须更换。如油封、密封垫等。

⑥ 更换件定损规格。所有更换件定损规格不得高于原车事故前装配的品牌、规格。

⑦ 修理后,零部件的使用寿命应能达到新件使用寿命的 80% 以上。

具体零部件更换标准,将在下一任务小节,具体展开。

(3) 拆装项目的确定。根据本次事故所造成损失项目的维修工艺,确定拆装项目及内容。

(4) 修理项目的确定。根据汽车修理标准恢复本次事故中所造成的车辆损失,使损失项目恢复原有的正常使用性能。

(5) 待查项目的确定。在车险查勘定损工作中,经常会遇到一些零件,用肉眼和经验一时无法判断其是否受损、是否达到需要更换的程度,甚至在车辆未修复前,就单独某零件用仪器都无法检测(除制造厂商外)。如转向节、悬架臂、副梁等,这些零件在定损工作中时常被列为"待查项目"。

(6) 定损相片拍摄。拍摄定损相片是真实反映保险案件的关键环节,拍摄相片的目的是准确记录事故现场、车辆损失以及理赔环节的各个过程。

① 拍摄事故现场

a. 一般事故现场可以分别使用中、远距离拍摄方法,准确记录下车辆发生事故时的现场全貌、事故地点地理位置标示、标的车行驶路线、碰撞物撞击点、现场痕迹、施救过程等信息。

b. 发生在夜间事故现场拍摄,必须使用辅助光源或外接光源。现场较为复杂金额较大事故必须在次日白天复查现场,拍摄发生事故时的现场全貌、事故地点地理位置标示、标的车行驶路线、碰撞物撞击点、现场痕迹等有关信息;对发现的事故特殊痕迹,可以使用近距离拍摄方法。

② 拍摄受损车辆:最好在光线良好的条件下,使用近、中距离拍摄方法。

外观拍摄要求,如图 3-22—图 3-25 所示。

图 3-22 左前照片

图 3-23 右前照片

图 3-24 左后照片(人车合影示意)

图 3-25 右后照片

a. 拍摄整车左前、右前、左后、右后四个角,要求 45°拍摄。

b. 人车合影,受理案件的定损员需与标的车合影,合影照为能反映受损部位的外观照。

c. 能反映车型全貌,清晰显示车牌号码,可以看到损失部位。

能清晰反映受损部位的外貌和受损程度;对于损失部位比较隐蔽或较为微小的,还应当针对该部位进行近距离局部拍摄,必要时可用手指或书写笔指示损失部位,如图 3-26、图 3-27 所示。

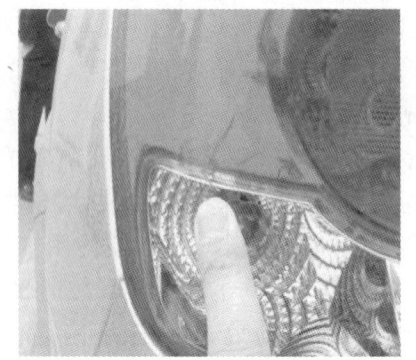

图 3-26　局部损失照片　　　　图 3-27　必要的指示

拍摄车辆确认相片。要求对车辆标牌、车架号、VIN 码、车辆配置表以及车载设备标牌等做到清晰可辨,如图 3-28、图 3-29 所示。

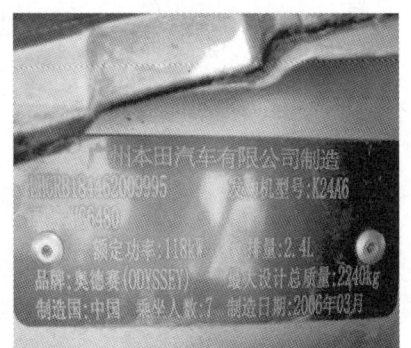

图 3-28　车辆 VIN 码　　　　图 3-29　汽车铭牌

底盘拍摄要求,如图 3-30、图 3-31 所示。

涉及车辆底盘损失的,应在未拆解前在举升状态下拍摄,并付上车牌。

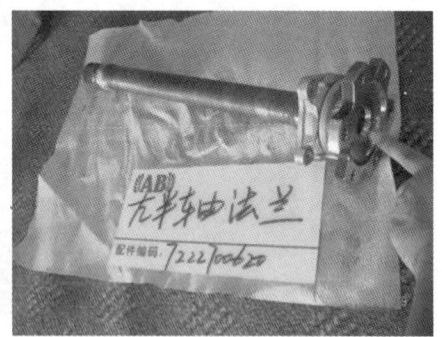

图 3-30　付车牌拍照　　　图 3-31　必要的文字说明　　　图 3-32　配件名称及编码

受损部件拍摄要求,如图 3-32 所示。

① 对事故车拍照时严格按照从前到后,从外到内的顺序对受损部位逐件拍摄。

② 对于一张照片不能准确反映受损部位的,要先拍摄一张损失部件全照,再局部拍摄受损情况。

③ 对受损单件拍照时放入文字说明(可用擦写板或纸张),明确标示受损部位名称,如有条件,尽量将配件实物编码一同标注。配件上有编码或标牌的,应将编码和标牌拍摄清楚。

四、实训

(一) 案例分析

【案例】 某人因停车不慎与电杆相碰造成车辆损失,该车投有车损险,请你估算该车损失。

思考:

1. 该车损失本次事故受损部位是哪里?需要怎样的维修工艺?(该车损失为左前叶子板及左前门刮伤,需要拆装、钣金和喷漆维修工艺。)
2. 该案件是个什么类型的案子?并制作一个定损报告(简易案件)。
3. 为什么要拍摄受伤车辆的车架号码?(这是车辆信息识别的唯一标志。)

(二) 实训步骤

步骤	内容(情境演练)
1.	确定损失情况,目测损失范围,并拍照
2.	拆车(监拆)
3.	根据损失清单,逐一确定更换项目、维修项目,并对损失部件拍照
4.	更换项目维修厂报价

(三) 情境设计

1. 案例设计

2013年2月19日,王先生早上驾驶标的车沪AB6666行驶在上班的路上。由于前一天晚上下雪,路面湿滑,在行驶到申滨路与仙霞西路交汇处,避让一行人时,由于路面较滑,刹车不及,刮到路边的路灯杆上,造成标的车右前部受损,向保险公司报案,查勘员接到任务调派。到达现场,审核相关信息。相关信息审核完毕,进行现场取证。取证完毕,进行查勘资料的填写。现场查勘完毕,查勘员指导客户到修理厂进行定损,拨打报案电话。定损员接到调度派工,客户已经到达××修理厂,等待定损。联系完客户,到达修理厂,进行损失取证。

2. 情境对话

到达维修厂

定损员:你好,我是××保险公司定损员,您是车主王××吧?

客户:是的。

定损员:王先生您好,是哪位维修接待负责您的车辆?我们一起去看看。

客户:好的。

维修接待:你好。

定损员:你好,是您接待沪 AB6666 车是吧,我们和车主一起去看一下车辆。

维修接待:好的,车辆在维修车间,我们一起看一下(到达车间,对损失情况及范围拍照取证,允许拆车,由维修接待或维修工列明损失明细表)。

定损员:我们按照损失明细表,确认一下损失的具体项目(按照损失清单逐一对损失项目进行核对,并确认更换项目及维修项目)。

维修接待:好的。

(拍照取证完毕,由维修厂列明损失项目报价清单,一般 4S 店都有正规格式并打印,小型维修厂一边手写报价,取得维修厂的报价)

3. 工具

查勘包、相机、手机、录音笔、签字笔、写字板、询价单、易碎贴、探照灯。

4. 场地

车险理赔综合实训道场。

5. 情境考核

零部件更换项目清单(代询价单)。

赔案编号: 　　　共　页　第　页　　　　条款类别:

| 厂牌型号:
车牌号码: | | 发动机号:
发动机型号: | | 本栏为保险人内部报询价使用
车架号(VIN): | | |
|---|---|---|---|---|---|---|
| 序号 | 零部件名称 | 数量 | 配件编号 | 估计价格 | 报价 | 备注 |
| 1 | | | | | | |
| 2 | | | | | | |
| 3 | | | | | | |
| 4 | | | | | | |
| 5 | | | | | | |
| 6 | | | | | | |
| 7 | | | | | | |
| 8 | | | | | | |
| 9 | | | | | | |
| 10 | | | | | | |
| 11 | | | | | | |

续 表

序号	零部件名称	数量	配件编号	估计价格	报价	备注
12						
13						
14						
15						
16						
17						
18						
19						
20						
21						
22						
23						
24						
25						
小计						

核准人：　　　　　定损复核人：　　　　　定损制单人：

注：1. 更换零部件的工时费列入"修理项目清单"；
　　2. 备注栏注明原厂、副厂、配套字样或零部件颜色；
　　3. 零部件涉及更换电器时，必须注明厂家编号。

任务4　估算损失金额

一、学习目标

1. 能够合理准确地定损核价；
2. 能够按照要求缮制损失确认书；
3. 能够按照要求进行定损平台录入，案件内部审核、发送、跟踪。

二、学习内容

1. 学习拆装及维修工时费、施救费及残值的确定；
2. 学习具体零配件的询价报价，确定配件损失金额；
3. 学习与维修厂确定定损金额；
4. 学习缮制损失确认书，告知客户事后处理事项；
5. 学习定损平台录入，案件内部审核、发送、跟踪。

三、资讯

(一) 知识链接

事故车辆维修费用包括维修工时费、更换的配件费(包括管理费)和残值。

1. 维修工时费

事故损失部分维修工时费包括相关部件拆装工时费、钣金修复工时费(包括辅助材料费)、机电维修工时费(含外加工费)、喷漆费(含材料费)等。

1) 拆装项目及工时费的确定

在事故车辆的修理中，通常将更换、拆装作为同类工时处理。

(1) 拆装项目工时的确定。需要评估人员对被评估汽车的结构非常清楚，对汽车修理工艺了如指掌。如有些零部件或总成并没有损伤，但是，由于结构的原因，当维修人员更换、修复、检验其他部件时，需要拆下该零部件或总成，并在完成相关作业后再重新装回。若对被评估汽车拆装项目的确定有疑问，可查阅相关维修手册和零部件目录。

(2) 拆装类工时费的核定。拆装类工时费的确定，各地区、各保险公司各有不同，定损人员可以参考以下资料进行：汽车厂家相关的工时定额，再根据当地的工时单价计算相应的工时费，若无法查到汽车厂家相关的工时定额，以当地汽车维修主管部门制定的工时定额标准为参考。

(3) 核定拆装类工时费注意事项。按照拆装的难易程度及工艺的复杂程度核定工时费；单独拆装单个零件按单件计算工时；拆装某一零件须先拆除其他零件，则要考虑辅助拆装的工时费；拆装机械零件或电气零件，需要考虑拆装后的调试或测试费工时费；拆装覆盖件及装饰件，一般不考虑其他工时费；检修ABS，需确认维修方法；检修线路或电气元件另外计算工时费；拆装座椅如含侧气囊的，工时费适当增加；吊装发动机的，应计算发动机吊装费。

2) 机电维修工时费的确定

机电维修因具有零件价格差异、地域差异、修理工艺的差异三个特点，其工时费的确定比较复杂。通常情况下，机电维修工时费计算公式如下：

$$工时费 = 工时定额 \times 工时单价 + 外加工费用$$

（1）工时定额。以事故车维修地的工时标准为基准，结合查勘定损人员自己的理论知识和实践经验，考虑当地实际情况灵活掌握。

① 机修方面。涉及行驶系损伤需要考虑四轮定位，涉及制动系损伤需要考虑制动系排气，涉及发动机内部损伤，需要考虑只有在更换缸体时才可定损发动机大修，注意区别非保险责任的内部件磨损。

② 电工方面。更换前大灯包括调整灯光工时，装有氙气大灯的还包括清除故障码、大灯复位的工时；空调系统更换任何涉及制冷剂泄露的部件，均需定损检漏、抽真空、加制冷剂油的工时；更换电控单元、传感器的，需进行解码或匹配。

（2）工时单价。指维修事故车辆单位工作时间的维修成本费用、税金和利润之和，一般随地区等级、维修厂类别变化。

（3）外加工费用。一般在专业的维修部门进行，索赔时可直接提供外加工发票，修理厂不得再加收管理费。

3）钣金修复工时费用的确定

定损时根据车辆损伤程度做出具体的钣金修复工时金额。需要考虑：事故车辆的档次，不同档次的事故车辆同样一个零件的价格差异较大，维修工时差距也较大；与平面相比，车身腰线、棱角部位的损伤，钣金工时会略有提高；对不可拆卸的后翼子板来说，采用不同的维修设备，钣金工时也会不同；另外，在事故较重车辆的修复过程中，许多钣金工作是起连带作用的，在定损时应考虑车辆的整体钣金工时金额，不做重复定损。在日常定损工作中，也要根据修理厂的报价，结合当地维修行情和维修工艺水平协商确定钣金修复工时费用。

4）喷漆工时费用的确定

喷漆工时费包含喷漆需要的原子灰、漆料、油料、辅料添加剂等材料费用。一般分为喷漆面积×喷漆单价和常见车身覆盖件单件计价计算两种。

（1）喷漆面积的确认。局部喷漆范围以最小范围喷漆为原则（即以该部位最接近的接缝、明显棱边为断缝收边），如翼子板腰线上部的损伤以腰线以上面积计算，而不是整个翼子板全喷。计算喷漆面积时，通常采用实践经验法。常见的计算方法，见表3-4。

（2）喷漆单价的确认。市场上所能购买的面漆大多为进口货合资品牌，如美国的杜邦、PPG，英国的ICI等，单价不同定损时常采用当地维修市场都能接受的价格。

表3-4 常见漆面计算方法

第一种	第二种	
	实际面积	计价面积
不足1平方米，按1平方米计价		
第2平方米，按0.9平方米计价	不足0.5平方米	按0.5平方米计价
第3平方米，按0.8平方米计价	大于0.5平方米小于1平方米	按1平方米计价
第4平方米，按0.7平方米计价	大于1平方米小于3平方米	按实际面积计价
第5平方米，按0.6平方米计价	大于3平方米小于12平方米	按实际面积的80%计价
第6平方米，按0.5平方米计价	大于12平方米	按实际面积的70%计价

(3) 车身覆盖件单件计算方法。定损时可以根据事故车辆的类型、价位选择合适的喷漆标准。需要注意的是车身划痕险、全车喷漆在不同的修理厂对应的金额基础上适当下调(约8%左右)。

(4) 汽车塑料件喷漆的费用。由于塑料件与金属件的物理性质不同,需要在面漆中加入柔软剂,防止漆面产生开裂和起皮现象,可适当考虑增加一定的费用。

2. 配件费

配件费包括管理费,计算公式如下:

$$配件费 = 配件进货价 \times (1 + 管理费比例) - 残值$$

1) 市场零配件的种类

现在汽车修理市场上销售的配件基本分5种形式:

(1) 原厂配件。所谓原厂配件,并不一定是由汽车生产厂家生产的,而是指由汽车生产厂家指定配套的零部件生产厂家(也叫配套厂)生产的配件,主要在4S店或汽车生产厂家指定的特约售后服务站流通。

(2) 配套件。是指由生产"原厂配件"的零部件生产厂家生产的,但不标记汽车生产厂家标识的配件,与原厂配件相比,质量难分高下,但价格较原厂配件低30%左右,一般称为OEM件。

(3) 副厂件。是指由非汽车生产厂家指定配套的零部件生产厂家生产的、使用独立商标的配件。受综合因素的制约,与原厂配件相比,很难评价他们的质量水平谁更高一些。主要在汽车维修市场流通。

(4) 仿制件。这是完全模仿原厂家配件的包装、商标的仿制配件。仿制件一般都达不到基本的质量和性能要求。

(5) 三无产品件。一般是指无生产日期、无质量合格证以及无生产厂家,来路不明的产品。

2) 配件进货价

(1) 配件价格形式。厂家指导价,即原厂配件价格,4S店配件价格;市场零售价,当地大型汽配交易市场上销售的原装零配件价格;生产厂价格,符合国家及汽车厂家标准,合法生产及销售的装车件、配套件(OEM)价格;其他价格,即副厂件、仿制件、三无产品件价格。

(2) 配件进货价格确定的原则。以配件的市场零售价为准,正厂件价格为辅;老旧车型更换配件以换型替代件或通过与车主协商按照拆车件价格定价,若原车损坏时是副厂件,则按副厂价价格定损;配件进货价不能以市场上三无产品作为定损依据。

3) 配件管理费

对维修单位因维修需要更换的配件在采购过程中发生的采购、装卸、运输、保管、损耗等费用以及维修单位应得的利润和出具发票应应缴的税金而给出的综合性补偿费用。

根据维修厂技术类别、专修车型综合考虑进行确定,按更换零配件材料进货价格的一定比例收取。一、二类综合厂一般为10%~15%;4S店可适当上浮,最高不超过20%,以厂家指导价为上限;资质较差的修理厂适当下浮;事故车辆零配件材料金额较大时,则应适当降低管理费标准。进口车考虑进货渠道的差异,最高上浮不超过30%。

4) 询价的方法

询价的方法,如图3-33所示。

(二) 工作实施

确定损失金额主要包括:工时费的确认、涂饰费用的确定、修复价值和残值的确定、具体零配件的询价报价、缮制损失确认书,如图3-34所示。

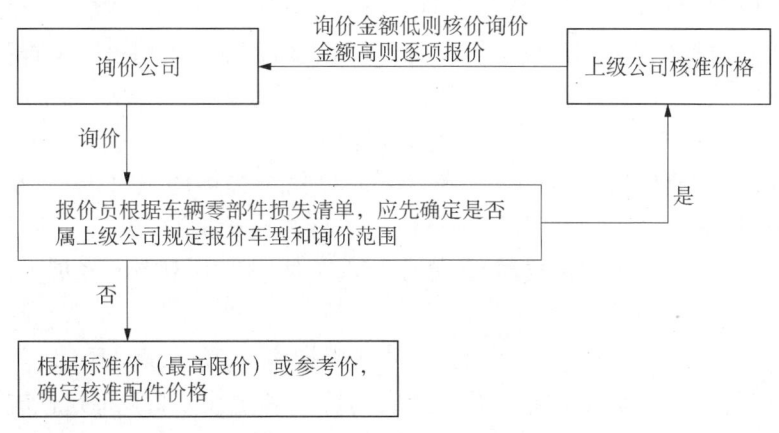

图 3-33 询价的方法流程

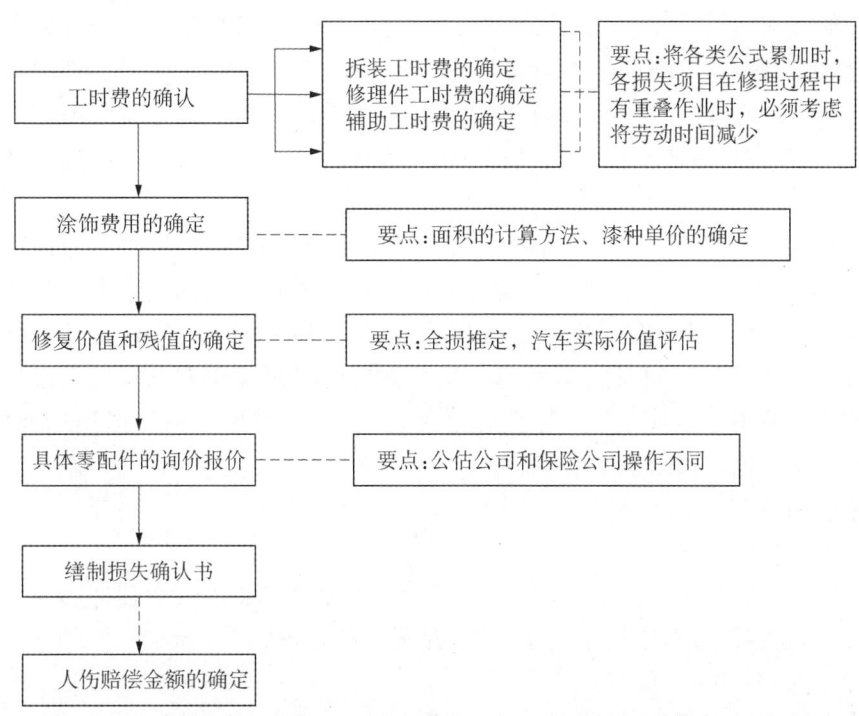

图 3-34 确定损失金额、缮制损失确认书的流程

1. 工时定额和费率

如前面所述,事故车的损失主要由工时费和零件费用组成。工时费的计算公式如下:

$$工时费 = 工时费率 \times 工时定额$$

工时定额是根据修理的项目确定的,在主机厂工时手册或专业估损手册中,通常将工时分为拆卸和更换项目工时、修理项目工时、大修工时、喷漆工时、辅助作业工时等。不同车型、不同总成的工时定额一般差别较大,甚至不同年款的车型也有较大的差别,因此,工时手册中的工时数据经常更新。工时费率一般随着地域(如经济发达的大城市和中小城市)、修理厂(如一类修理厂、二类修理厂和三类修理厂,4S店和综合型修理厂)、工种(如钣金、机修和漆工)的不同而不同,保险公司应当经常对各个地区的工时费率进行调研,以确定当前适用于该地区的平均工时费用。

对于事故车的估损和修理,工时定额和工时费率一般有以下几个来源,可供估损员参考:第一类是在事故车的车型《碰撞估损指南》或主机厂的《工时手册》和《零件手册》中查找工时定额;第二类是各保险公司或公估公司内部使用的工时费限额;第三类是使用各省市汽车维修行业协会及交通局和物价委员会制定的《汽车维修工时定额与收费标准》。

《碰撞估损指南》或主机厂的《工时手册》和《零件手册》中提供的工时定额,是由专业的汽车估损数据公司或主机厂针对具体车型制定的,并且包括了各总成的拆装、更换工时、大修工时等,准确性高,针对性强,非常适合事故车的定损需要,是今后汽车估损工时定额的发展方向,也是本书重点讲解的内容。

对于部分进口乘用车,可以查阅该车型的《碰撞估损指南》,如 MITCHELL 公司和 MOTOR 公司编写的《碰撞估损指南》,里面不仅提供了各总成的拆装和更换工时,部分总成还提供了大修工时,并且考虑到了各部件之间的重叠工时,是比较好用的估损工具。对于国产车型和部分进口车型,可以按照本书讲述的估损办法,并结合使用各车型主机厂的《工时手册》和《零件手册》,估算修理费用。主机厂的"工时手册"和"零件手册"中一般包含有各总成和零件的更换和拆装工时。

例如,关于更换裙板,本书的讲述中不仅考虑到更换裙板本身的工时,如钻除焊点、拆除旧板、安装和对齐新板所需的时间,还考虑到拆卸和安装车内地毯、隔音隔振材料和前围装饰件的工时,这些操作都是必需的,因为在前围板上焊接新板件时会产生热量,如果不拆除这些部件,可能造成损坏。

估损员可以根据提示的修理项目,在主机厂的"工时手册"和"零件手册"中查找到各个项目的工时,并进行累加。但需要特别注意的是重叠工时的问题。如在上面的例子中,更换裙板时需要拆卸和安装车内地毯。如果该车同时还需要修理地板,也需要拆卸和安装车内地毯,那么拆卸和安装车内地毯的工时只能计算一次,不能重复计算。这样做的优点是工时费估算比较准确,能够合理地降低保险公司的理赔费用。而且每一步骤都有据可查,能有效避免车主与修理厂和保险公司或公估公司之间因价格差异较大而产生矛盾。

各种工时包含的操作如下:

1) "拆卸和更换工时"(R&R)

把损坏的零件或总成从车上拆下来,拆下该零件上的螺栓安装件或卡装件,并把它们转移到新件上,然后再把这个新零件或总成安装到车辆上,并调整和对齐好。

2) "拆卸和安装工时"(R&I)

有时为了修理一个受损零件,需要把一个相邻的零件拆下来然后再安装上去。这种工时可以称作"拆卸和安装工时",有时主机厂工时手册或专业估损手册中也单独给出拆卸和安装工时。注意:它与上面的"拆卸和更换工时"是不同的。

3) "修理工时"

"修理工时"包含的操作有:分解/重新组装、检查、测量、调整、确认、诊断、故障排除(电气系统)等操作的工时。修理工时的确定比"拆卸和更换工时"要复杂得多。零件价格的不同、地域的不同、修理工艺的差异等都可能造成修理工时的不同。部分主机厂的"工时手册"和"零件手册"中提供了主要总成和零件的修理工时。

4) "大修工时"(O/H)

"大修工时"是把一个总成或分总成(如保险杠和悬架)从事故车上拆下来,将其拆解开来检查,更换掉损坏的部件,然后再重新安装到车辆上,并调整对齐好。对估损人员而言,大修时间实际上是一条计算工时的捷径。例如,对于被撞坏的保险杠,很多情况下只需更换其中的部分零件而不是整个总成。此时如果没有大修工时,需要计算保险杠中各个零件的拆卸和安装工时和重叠工时,比较烦琐,如果有大修工时,则只需查阅这个大修工时即可。

在汽车修理作业中除包括更换件工时、拆装件工时、修理工时外,还应包括辅助作业工时,这部分工时通常包含以下操作:

(1) 把汽车安放到修理设备上并进行故障诊断;
(2) 用推拉、切割等方式拆卸被撞坏的零部件;
(3) 相关零部件的矫正与调整;
(4) 去除底漆、沥青、油脂及类似物质;
(5) 修理生锈或腐蚀的零部件;
(6) 松动锈死或冻结的零部件;
(7) 检查悬架系统和转向系统的定位;
(8) 除去破碎的玻璃渣子;
(9) 更换防腐蚀材料;
(10) 修理作业中当温度超过60℃时,拆装主要电脑模块;
(11) 拆装车轮和轮毂罩;
(12) 如果新件上没有安装孔而需要重新打孔;
(13) 因使用副厂件而需要进行一定的改装或改动。

上述各项虽然每项工时不大,但对于较大的碰撞事故,各作业项累计通常是一项不能忽视的重要工作。

各保险公司或公估公司内部使用的工时费限额,是由各公司区分不同类别车型,按照拆装、钣金、机修、电工、油漆等实际工作量,根据市场价格确定的工时费用。由于这种工时费限额只是把车型分成不同的类别,没有具体到每个车型,并且只有常用操作的工时费限额,因此数据量比较小,虽然查找使用方便、直观,但准确性和数据的覆盖范围不如第一类工时定额。这种工时费限额也是目前保险公司和公估公司广泛采用的方法。

2. 标准工时使用规程

1) 车辆分类

(1) 按车辆的新车购置价分为6万元以下、6万元至15万元、15万元至25万元、25万元至35万元、35万元至60万元、60万元以上六个计算档次。

(2) 6万元以下代表车型

比亚迪F0、昌河爱迪尔、昌河北斗星、长安奔奔、长城哈佛、海马王子、华普、吉利、江淮同悦、力帆、羚羊、奥拓、奇瑞旗云、QQ、奇瑞A1、夏利、雪佛兰乐驰、哈飞路宝等。

(3) 6万元至15万元代表车型

比亚迪F3、F6、G3、标致207、307、长安志翔、长安CX30、长城赛弗、赛影、捷达、高尔、桑塔纳、嘉年华、福美来、奇瑞A5、千里马、骊威、奔腾、宝来、思域、骐达、威驰、飞度、凯越、波罗、骏捷、思迪、朗逸、高尔夫、雅士利、花冠、卡罗拉、福克斯、圣达菲。

(4) 15万元至25万元代表车型

本田CRV、奥德赛、雅阁、君威、君越、荣威、帕萨特、途安、途观、迈腾、凯美瑞、RV4、蒙迪欧、M6、天籁。

(5) 25万元至35万元代表车型

汉兰达、锐志、森林人、奥迪A4、沃尔沃、皇冠、普锐斯。

(6) 35 万元至 60 万元代表车型

奥迪、宝马 3 系、奔驰 E 系、讴歌 TL、宝马 MINI、翼豹、别克林荫大道、华晨宝马 5 系。

(7) 60 万元以上代表车型

宝马 X3、X5、路虎、雷克萨斯 ES/IS 系、奥迪 TT/Q7、途锐、林肯、奥迪 A8、悍马、保时捷、雷克萨斯 LS 系、宝马 7 系、陆虎揽胜、捷豹。

各车型适用金额区间，以该车型低配置价格所在区间为准。以下各表是定损参考标准（参照物价水平较高的沿海地区一般二类修理厂，其他地区适当浮动）。

2) 工时费中已包含税金

该工时费为市场普通维修企业价格限价，4S 店价格可参考该价格适当上浮 20%。（部分地区上浮比例见当地工时费标准备注）

3) 钣金工时

按照钣金件所在部位进行了大类的划分，轻度损伤、中度损伤、重度损伤，具体受损程度可参见《钣金件受损程度说明》。钣金部位超过 3 件时，钣金工时整体按照 90% 计算；钣金部位超过 7 件时，钣金工时整体按照 80% 计算；钣金部位超过 14 件时，钣金工时整体按照 70% 计算。注：部分钣金工艺包含焊接及内饰部分拆装，见表 3-5。

表 3-5　常见事故钣金工时费（轿车、损失程度严重）　　　　单位：元

	部位	微型车	低档车	中档车	高档车	豪华车
前部事故	发动机盖整形	200	400	800	1 000	1 200
	翼子板整形	200	300	5 000	600	800
	龙门架整形	100	200	300	500	500
	内饰板整形	200	300	500	600	800
	前械内骨架整形	100	200	300	400	500
	校正前横梁	200	300	500	600	800
	校正大梁	300	500	800	1 000	1 200
	前/后杠修复	100	200	400	400	600
中部事故	车门修复	200	300	500	800	100
	门柱整形	200	400	600	800	1 000
	车顶修复	200	400	600	700	1 000
	车内底板	400	600	1 000	1 200	1 500
	仪表板支架	150	300	400	500	600
尾部事故	尾盖整形	200	400	600	800	1 000
	后翼子板整形	200	400	600	800	1 200
	尾箱后尾板	200	300	500	600	800
	尾箱底板	300	500	800	1 000	1 200
	尾段大梁校正	300	500	800	1 000	1 200

4) 喷漆工时

本下发标准为金属漆限价，如为实色漆按照本标准下浮 20% 计算。各项喷漆价格均为整体喷

漆,如前后杠及其他带有明显分隔线的部位可以进行半喷的,按照整体的50%计算。各喷漆部位支持部分补漆,补漆可按照整体喷漆金额的30%作为限价。喷漆部位超过3处的,喷漆金额整体按照90%计算;喷漆部位超过6处的(仅包含前杠、叶子板、车门、前机盖、后舱盖、后杠、大顶13块)喷漆费＝实际喷漆面数/13×全车喷漆价格计算,见表3-6。

表3-6 常见事故车油漆工时费(轿车) 单位:元

项 目	微型车	低档车	中档车	高档车	豪华车
一般厂单幅油漆	200～250	300～350	400～500	500～600	600～800
一般厂全车油漆	2 000～2 500	2 500～3 000	3 000～4 000	4 000～5 000	5 000～6 000
4S服务站单幅油漆	250～300	400～450	500～600	600～800	800～1 200
4S服务站全车油漆	2 500～3 000	3 000～3 500	4 000～5 000	5 000～7 000	8 000～10 000

5) 拆装工时

拆装工时按照零配件所在部位进行了大类划分。拆装部件超过8处的,拆装工时整体按照90%计算;拆装部件超过15处的,拆装工时整体按照80%计算;拆装部件超过30处的,拆装工时整体按照70%计算;拆装部件超过50处的,拆装工时整体按照60%计算,见表3-7。

表3-7 常见事故拆装工时费(轿车) 单位:元

项 目	微型车	低档车	中档车	高档车	豪华车
拆装前/后玻璃	150	200	300	400	500
拆装前/后保险杠	80	100	150	200	250
拆装头盖	50	80	100	150	150
拆装车门玻璃升降器	100	150	200	200	250
拆装前座椅	80	100	150	200	200
拆装前翼子板	80	100	150	200	200
拆装散热器	80	100	150	200	200
拆装油箱	150	200	300	350	400

6) 机修电工工时

机修电工部件超过3处的,机修电工工时整体按照90%计算;机修电工部件超过6处的,机修电工工时整体按照80%计算;机修电工部件超过9处的,机修电工工时整体按照70%计算,见表3-8。

表3-8 常见事故车电工工时费(轿车) 单位:元

项 目	微型车	低档车	中档车	高档车	豪华车
拆装仪表台	200	300	500	700	1 000
空调抽真空加氟	100	150	200	250	300
检修灯光线路	100	150	200	250	300
检修SRS灯亮	/	300	400	500	500
检修全车线路	200	400	600	700	800
更换安全气囊	/	400	500	600	700

7) 钣金工时、喷漆、拆装工时、机修电工工时

奔驰、宝马、沃尔沃、保时捷、路虎、捷豹、进口大众、奥迪 A8、奥迪 Q7、奥迪 Q5 等品牌及车型，无论新车购置价是否超过 60 万元，均按照 60 万元以上档次计算钣金工时、喷漆、拆装工时、机修电工工时。

8) 特殊车型工时

特殊车型工时费暂下发常用的奔驰、宝马、保时捷三种品牌的 4S 店价格，本价格为限价。

9) 定损遵循的原则

定损遵循"以修为主"的原则。

对损坏后无法修复，或修复后影响使用功能、影响外观、影响安全性，或修理费达到零件价格的 80% 时，以换为主；对不提供单件的总成件和隶属关系复杂的更换配件，需提供维修站的文字说明及标准的配件关系图资料。

3. 施救费用

1) 施救费用的确定

施救费是对出险车辆进行施救过程所产生的费用。施救费用必须是为减少保险标的损失所支付的必要的合理费用。施救费分为拖车费、吊车费、抢救打捞费。

(1) 拖车费。为专管行业规定的事故拖车企业专用车辆对事故车辆产生托运行为，从事故发生地点到附近指定维修企业或停车地点所产生的托运费用。此托运行为和费用应该符合行政相关管理规定的标准。

根据道路和被拖车辆不同对拖车费用进行了具体的分类。

按照道路区域分为市区道路、一般道路、高速道路。

① 市区道路。是指城市内部的道路。

② 一般道路。是指各个城市之间的道路，包括省级道路和国家级道路。

③ 高速道路。是指高速公路。

按照被拖车辆分为小型车辆、中型车辆、大型车辆。

① 小型车辆。是指小型客车。

② 中型车辆。是指中型客车或轻型货车等。

③ 大型车辆。是指大型客车或中型以上的货车。

(2) 吊车费。为对事故车辆进行吊装所产生的费用，其中包含吊车行驶费、吊装费。此费用的确定必须符合国家和行业的收费标准。

(3) 抢救打捞费。为对事故现场车辆进行抢救、施救所产生的费用，其中包含人工打捞、人工搬运、施工机械等费用。

2) 确定施救费用应遵循的原则

施救费用是在发生保险事故之后，被保险人为了减少损失而支出的额外费用。所以施救费用是一种替代费用，其目的是用一个相对较小的费用支出，减少一个更大的损失。定损人员在施救费确定中，应注意把握如下原则：

(1) 充分考虑施救难度和施救工作量，参照市场行情，确定施救费用，吊车费和拖车费，可参照当地交通部门制定的标准进行确定。

(2) 被保险车辆出险后，雇用吊车和其他车辆进行抢救的费用以及将出险车辆拖运到修理厂的运输费用，按当地物价部门颁布的收费标准予以理赔。被保险人使用他人（非专业消防单位）的消防设备，施救被保险车辆所消耗的费用及设备损失可以列为施救费用。对需要人工和专用设备进

行施救的,可按照当地用工标准和专用设备使用费用,参照行业标准进行确定。

(3) 在进行施救过程中,由于意外事故可能造成被施救对象损失的进一步扩大、造成他人财产的损失以及施救车辆和设施本身的损失。如果施救工作是由被保险人自己或他人义务进行的,只要没有存在故意和重大过失,原则上保险人应予赔偿。如果施救工作是雇佣专业公司进行的,只要没有存在故意和重大过失,原则上应由专业公司自己承担。同时,被保险人还可以就进一步扩大损失的部分要求专业施救公司承担赔偿责任。但在施救时,抢救人员物品的丢失,一般不予赔偿。

(4) 被保险车辆发生保险事故后,同时施救保险车辆以外的财物的,严格区分保险车辆和保险车辆以外的财物各自发生的费用。如果无法准确区分的,可按照被施救物重量比例分摊计算。

(5) 车辆损失险的施救费用是一个单独的保险金额,但是如果施救费用和保护费用、修理费用相加,估计已达到或超过保险车辆的实际价值时,则应作为推定全损案件处理。同时,一般情况下保险公司不要接受权益转让。而第三者责任的施救费用与第三者损失金额相加不得超过第三者责任险的保险赔偿限额。

应充分考虑施救对象的实际价值,如果施救费用超过被施救物的实际价值,可放弃施救,在案件定损单中说明情况

3) 在确定施救费用时应注意的几个问题

(1) 目前,施救费用的处理仍然存在一定的行业垄断问题。较为突出的就是受损车辆的施救问题,有的地方对于受损车辆采用统一施救的方式,这种方式本身是无可厚非的,但是如果利用这种垄断的优势,收取不合理的费用,甚至借以牟取暴利则应予以抵制。

(2) 保险车辆出险后,被保险人赶赴肇事现场处理所支出的费用不予理赔。

(3) 如果被保险车辆为进口车或特种车,发生保险责任范围的事故后,在当地确实不具备修理能力,事先经保险公司书面同意可以移送外地修理,对相应的移送费保险公司将予以赔偿。但是应当明确该项费用属于修理费用的一部分,而不是施救费用。

在确定施救费是否"合理"、"必要"时,应当看以下几项:

① 是否发生了保险事故,施救费用必须是以发生保险灾害事故为前提的。

② 是否以减少保险财产损失为目的。

③ 是否以"直接"、"必要"、"合理"为原则。支付的费用必须是为施救、保护保险财产支出的直接费用。其中,需要注意的问题,见表3-9。

表3-9 确定施救费用注意问题

险种	注意问题
机动车辆险	1. 损坏车辆的抢救费用
	2. 抢救过程中造成他人财产损失
	3. 只对保险车辆救护费用负责,涉及两辆以上应按责任分摊施救费用。受损车辆与所载货物同时被施救,其救货费用应剔除,分不清时应按被保险车辆与货物的实际价值比例分摊赔偿
	4. 施救、保护费用与修理费用分加紧理算,费用相加超过车辆实际价值的,按推定全损赔偿

4. 残值的确定

(1) 事故车辆遭受损失后残余部分或损坏维修更换下来的配件,按照维修行业惯例和废旧物资市场行情估算出这部分的价格,称为残值。

(2) 残值处理。原则上所有残值折归被保险人所有;实际操作中,残值的确认须与被保险人协

商确定;事故车辆旧件由保险公司回收后不计入残值之内;残值从总维修费用中扣除。

(3) 残值评估通常可以采取以下几种方式：

① 车价在 30 万元以上的按照更换配件材料费的 2% 计算；车价在 30 万元以下的，按更换配件材料费的 3% 计算；单件价格超过 500 元的高价电子元件，一旦确认更换，必须回收残件；

② 按损余件材质的市场回收指导价格与被保险人协商确定；

③ 全损车在征得被保险人同意前提下采取招标方式确定残值；

④ 具体案件以实际情况区别对待。其流程如图 3-35 所示。

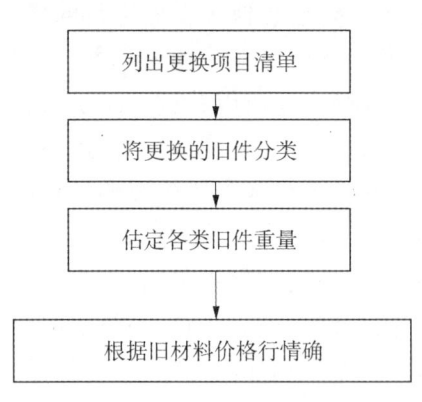

图 3-35 残值确定流程

5. 涉案第三者其他财产损失的确定

保险事故导致的财产损失，除了车辆本身的损失和第三者人员伤害外，还可能会造成第三者的财产损失。第三者财产损失包括：第三者车辆所载货物、道路、道路安全设施、房屋建筑、电力水利设施、道旁树木花卉、农田庄稼等。

常见第三者财产损失的定损处理方法：

1) 市政设施

对于市政设施的损坏，市政部门对肇事者所索要的损失赔偿往往有一部分属处罚性质以及间接损失方面的赔偿。但保险公司依据条款规定只能承担因事故造成的直接损失。因此查勘定损人员在定损过程中应该掌握和区分在第三者索要赔偿部分，哪些属于用间接费用，哪些属于罚款性质。同时，为使定损合理，查勘定损人员要准确掌握和收集当地的损坏物的制造成本、安装费用及赔偿标准。一般情况，各地市内绿化树木及草坪都有规定的赔偿标准及处罚标准。在定损过程中，只能按损坏物体的制造成本、安装费用及赔偿标准进行定损。

2) 道路及道路设施

车辆倾覆后很容易造成对道路路面的擦痕以及油料对道路的污染。很多情况下路政管理部门都要求对路面进行赔偿，尤其是高速公路路段。道路两旁的设施(护栏等)也可能因车辆碰撞造成损坏。对于以上两方面所造成的损失，保险公司有责任与被保险人一起同路政管理部门商定损失。因道路及设施的修复施工一般都由路政管理部门组织，很难以招标形式进行定损。大部分损失核定都以路政管理部门为主，但在核损时查勘定损人员必须掌握道路维修及设施修复费用标准，定损范围只限于直接造成损坏的部分。对于路灯杆路面塌陷应视情况确定是否属于保险责任。

3) 房屋建筑物

在对房屋建筑物的损失核定方面，除要求查勘定损人员掌握有关建筑方面的知识外，在定损方面最好采取招标方式进行，请当地建筑施工单位进行修复费用预算招标。

4) 农田庄稼

农田庄稼的损失核定可参照当地同类农作物亩产量进行测算定损。

5) 第三者车上货物的损坏

实际确定的损失费用往往与第三者向被保险人所索要的赔偿费用有一定的差距。查勘定损人员应当向被保险人解释清楚，即保险只能对第三者的实际损坏部分的直接损失费用进行赔偿，超出部分应当由被保险人与第三者进行协商。

6. 缮制定损报告

使用保险公司内部系统"定损平台"，录入损失金额，含零部件更换项目清单和修理项目清单。

并填写损失确认书,一式两份,经过公司专职人员核准,请被保险人签字认可,保险人和被保险人各执一份。

涉及的单证:

(1) 机动车辆保险定损单(含附页);
(2) 机动车辆保险物损清单;
(3) 机动车辆保险事故车辆自修协议书(客户自修适用);
(4) 旧件回收单(有旧件回收的案件适用);
(5) 车物损失定损详细照片;
(6) 货物起运地发票或损失货物询价单;
(7) 货物运单;
(8) 重置或修复受损财产的发票;
(9) 设备或工程修复的工程预算;
(10) 路政部门的损失清单。

四、实训

(一) 案例分析

【案例1】某人因驾车倒车不慎与台阶相撞,造成车辆后部损失,该车有车损险。

思考:

1. 该车损失部位是什么?
2. 那些配件受损,怎样的维修工艺?
3. 该车损失定损照片是否完整?
4. 该车事故是否真实?
5. 请你制作一个定损单。

【案例2】2013年4月19号15:10报案,避让电动车撞电线杆(注:标的为新车,刚一个月),该车在某保险公司投保了车损险。

思考:

1. 该车损失碰撞痕迹吻合吗?你是怎样发现的?

(经现场查勘,痕迹明显不吻合,标的为新车,刚一个月,怎么电线杆上那么多油漆,腻子?而且标的车很显然没有擦很多油漆。)

2. 该车损失部位是什么?分别叫什么?
3. 该车照片是否有缺陷?请列举。
4. 该车损失需要什么维修工艺?
5. 作为一个汽车保险理赔人员,你对这个案例损失如何确定损失?

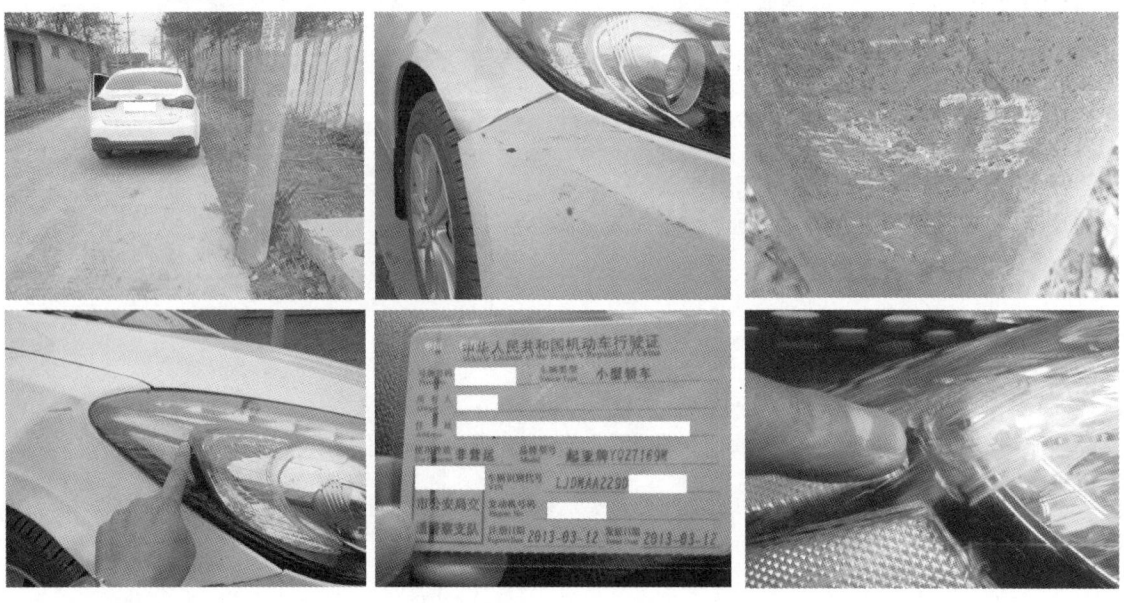

(二) 实训步骤

步骤	内 容
1.	M－AI定损模块操作讲解 多媒体(机房)课堂讲解 Flash实训指导模块引导
2.	M－AI定损模块实训练习 多媒体(机房)操作练习
3.	M－AP车险图片定损分析系统 定损学习
4.	系统内询价
5.	情境演练 车险理赔综合实训道场(或其他)分组,角色扮演,模拟训练

(三) 情境设计

1. 案例设计

2013年2月19日,王先生早上驾驶标的车沪AB6666行驶在上班的路上。由于前一天晚上下雪,路面湿滑,在行驶到申滨路与仙霞西路交汇处,避让一行人时,由于路面较滑,刹车不及,刮到路边的路灯杆上,造成标的车右前部受损,向保险公司报案,查勘员接到任务调派。到达现场,审核相关信息。相关信息审核完毕,进行现场取证。取证完毕,进行查勘资料的填写。现场查勘完毕,查勘员指导客户到修理厂进行定损,拨打报案电话。定损员接到调度派工,客户已经到达××修理厂,等待定损。联系完客户,到达修理厂,进行损失取证。取证完毕,对配件进行询价,缮制定损单,录入系统,发送案件。

2. 工具

签字笔、写字板、损失评估单、电脑、M‑AI车险业务综合实训系统。

3. 场地

车险理赔综合实训道场

4. 情境考核

1) 填写损失评估单

机动车保险事故损失评估单

报案号		委托方		评估车辆		□标的 □三者
评估车牌号		评估车辆责任	□全责 □待确定	标的车牌号(必填)		
现场情况	□交警 □公估	厂牌型号		维修厂类型		□特约店 □其它
VIP码			发动机号码			
交强险信息	交强险承保公司			说明:车方已经知道,按交强险规定,无责方必须向对方支付赔款元(有规定的除外)。		
	交强险保单号					
评估地点				评估到达时间 年 月 日		
车架号码拓印粘贴处						
序号	更换配件名称		数量	价格	维修项目	价格
1						
2						
3						
4						
5						
6						
7						
8						
9						
10						
11						
12						
13						
14						
15						
本页换件项目合计金额			¥	本页维修项目合计金额		¥
注:未尽项目见续页,续页共页;本页加续页项目及金额构成完整评估,其总损失评估金额为下述。						

续表

| 序号 | 更换配件名称 | 数量 | 价格 | 维修项目 | 价格 |

本单已经车方认可,总损失金额人民币(大写):佰拾万仟佰拾元整(合计小写)￥	
本单只对事故中损失情况予以认定;如果非本公司查勘现场,在未核对相关车辆或碰撞物时,本单所确定的损失,不能作为保险理赔的依据;最终结果以保险公司审核为准。 车方签字(盖章)确认: 联系电话:　　　　年　月　日	公估师签名: 联系电话: 　　　　　　　年　月　日

动车保险事故损失评估单(续页)

报案号		车牌号		评估地点	
序号	更换配件名称	数量	价格	维修项目	价格
1					
2					
3					
4					
5					
6					
7					
8					
9					
10					
11					
12					
13					
14					
15					
16					
17					
18					
19					
20					
21					
22					

续表

序号	更换配件名称	数量	价格	维修项目	价格
23					
24					
25					
	本页换件项目合计金额	¥		本页合计金额	¥
说明:本评估单续页同评估单或查勘单一起使用有效,单独使用无效。				共　页第　页	

2) 定损平台系统操作

定损平台系统,如图 3-35 所示。

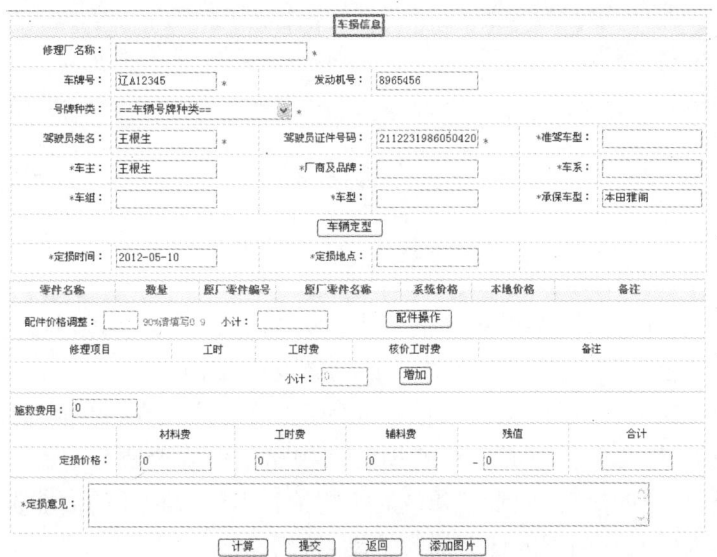

图 3-35　定损平台录入界面

附录 中华人民共和国保险法

目 录

第一章　总则
第二章　保险合同
第三章　保险公司
第四章　保险经营规则
第五章　保险代理人和保险经纪人
第六章　保险业监督管理
第七章　法律责任
第八章　附则

第一章　总　则

第一条　为了规范保险活动,保护保险活动当事人的合法权益,加强对保险业的监督管理,维护社会经济秩序和社会公共利益,促进保险事业的健康发展,制定本法。

第二条　本法所称保险,是指投保人根据合同约定,向保险人支付保险费,保险人对于合同约定的可能发生的事故因其发生所造成的财产损失承担赔偿保险金责任,或者当被保险人死亡、伤残、疾病或者达到合同约定的年龄、期限等条件时承担给付保险金责任的商业保险行为。

第三条　在中华人民共和国境内从事保险活动,适用本法。

第四条　从事保险活动必须遵守法律、行政法规,尊重社会公德,不得损害社会公共利益。

第五条　保险活动当事人行使权利、履行义务应当遵循诚实信用原则。

第六条　保险业务由依照本法设立的保险公司以及法律、行政法规规定的其他保险组织经营,其他单位和个人不得经营保险业务。

第七条　在中华人民共和国境内的法人和其他组织需要办理境内保险的,应当向中华人民共和国境内的保险公司投保。

第八条　保险业和银行业、证券业、信托业实行分业经营、分业管理,保险公司与银行、证券、信托业务机构分别设立。国家另有规定的除外。

第九条　国务院保险监督管理机构依法对保险业实施监督管理。

国务院保险监督管理机构根据履行职责的需要设立派出机构。派出机构按照国务院保险监督管理机构的授权履行监督管理职责。

第二章 保险合同

第一节 一般规定

第十条 保险合同是投保人与保险人约定保险权利义务关系的协议。

投保人是指与保险人订立保险合同，并按照合同约定负有支付保险费义务的人。

保险人是指与投保人订立保险合同，并按照合同约定承担赔偿或者给付保险金责任的保险公司。

第十一条 订立保险合同，应当协商一致，遵循公平原则确定各方的权利和义务。

除法律、行政法规规定必须保险的外，保险合同自愿订立。

第十二条 人身保险的投保人在保险合同订立时，对被保险人应当具有保险利益。

财产保险的被保险人在保险事故发生时，对保险标的应当具有保险利益。

人身保险是以人的寿命和身体为保险标的的保险。

财产保险是以财产及其有关利益为保险标的的保险。

被保险人是指其财产或者人身受保险合同保障，享有保险金请求权的人。投保人可以为被保险人。

保险利益是指投保人或者被保险人对保险标的具有的法律上承认的利益。

第十三条 投保人提出保险要求，经保险人同意承保，保险合同成立。保险人应当及时向投保人签发保险单或者其他保险凭证。

保险单或者其他保险凭证应当载明当事人双方约定的合同内容。当事人也可以约定采用其他书面形式载明合同内容。

依法成立的保险合同，自成立时生效。投保人和保险人可以对合同的效力约定附条件或者附期限。

第十四条 保险合同成立后，投保人按照约定交付保险费，保险人按照约定的时间开始承担保险责任。

第十五条 除本法另有规定或者保险合同另有约定外，保险合同成立后，投保人可以解除合同，保险人不得解除合同。

第十六条 订立保险合同，保险人就保险标的或者被保险人的有关情况提出询问的，投保人应当如实告知。

投保人故意或者因重大过失未履行前款规定的如实告知义务，足以影响保险人决定是否同意承保或者提高保险费率的，保险人有权解除合同。

前款规定的合同解除权，自保险人知道有解除事由之日起，超过三十日不行使而消灭。自合同成立之日起超过二年的，保险人不得解除合同；发生保险事故的，保险人应当承担赔偿或者给付保险金的责任。

投保人故意不履行如实告知义务的，保险人对于合同解除前发生的保险事故，不承担赔偿或者给付保险金的责任，并不退还保险费。

投保人因重大过失未履行如实告知义务，对保险事故的发生有严重影响的，保险人对于合同解除前发生的保险事故，不承担赔偿或者给付保险金的责任，但应当退还保险费。

保险人在合同订立时已经知道投保人未如实告知的情况的，保险人不得解除合同；发生保险事故的,保险人应当承担赔偿或者给付保险金的责任。

保险事故是指保险合同约定的保险责任范围内的事故。

第十七条 订立保险合同,采用保险人提供的格式条款的,保险人向投保人提供的投保单应当附格式条款,保险人应当向投保人说明合同的内容。

对保险合同中免除保险人责任的条款,保险人在订立合同时应当在投保单、保险单或者其他保险凭证上作出足以引起投保人注意的提示,并对该条款的内容以书面或者口头形式向投保人作出明确说明;未作提示或者明确说明的,该条款不产生效力。

第十八条 保险合同应当包括下列事项:

(一)保险人的名称和住所;

(二)投保人、被保险人的姓名或者名称、住所,以及人身保险的受益人的姓名或者名称、住所;

(三)保险标的;

(四)保险责任和责任免除;

(五)保险期间和保险责任开始时间;

(六)保险金额;

(七)保险费以及支付办法;

(八)保险金赔偿或者给付办法;

(九)违约责任和争议处理;

(十)订立合同的年、月、日。

投保人和保险人可以约定与保险有关的其他事项。

受益人是指人身保险合同中由被保险人或者投保人指定的享有保险金请求权的人。投保人、被保险人可以为受益人。

保险金额是指保险人承担赔偿或者给付保险金责任的最高限额。

第十九条 采用保险人提供的格式条款订立的保险合同中的下列条款无效:

(一)免除保险人依法应承担的义务或者加重投保人、被保险人责任的;

(二)排除投保人、被保险人或者受益人依法享有的权利的。

第二十条 投保人和保险人可以协商变更合同内容。

变更保险合同的,应当由保险人在保险单或者其他保险凭证上批注或者附贴批单,或者由投保人和保险人订立变更的书面协议。

第二十一条 投保人、被保险人或者受益人知道保险事故发生后,应当及时通知保险人。故意或者因重大过失未及时通知,致使保险事故的性质、原因、损失程度等难以确定的,保险人对无法确定的部分,不承担赔偿或者给付保险金的责任,但保险人通过其他途径已经及时知道或者应当及时知道保险事故发生的除外。

第二十二条 保险事故发生后,按照保险合同请求保险人赔偿或者给付保险金时,投保人、被保险人或者受益人应当向保险人提供其所能提供的与确认保险事故的性质、原因、损失程度等有关的证明和资料。

保险人按照合同的约定,认为有关的证明和资料不完整的,应当及时一次性通知投保人、被保险人或者受益人补充提供。

第二十三条 保险人收到被保险人或者受益人的赔偿或者给付保险金的请求后,应当及时作出核定;情形复杂的,应当在三十日内作出核定,但合同另有约定的除外。保险人应当将核定结果通知被保险人或者受益人;对属于保险责任的,在与被保险人或者受益人达成赔偿或者给付保险金的协议后十日内,履行赔偿或者给付保险金义务。保险合同对赔偿或者给付保险金的期限有约定的,保险人应当按照约定履行赔偿或者给付保险金义务。

保险人未及时履行前款规定义务的,除支付保险金外,应当赔偿被保险人或者受益人因此受到的损失。

任何单位和个人不得非法干预保险人履行赔偿或者给付保险金的义务,也不得限制被保险人或者受益人取得保险金的权利。

第二十四条　保险人依照本法第二十三条的规定作出核定后,对不属于保险责任的,应当自作出核定之日起三日内向被保险人或者受益人发出拒绝赔偿或者拒绝给付保险金通知书,并说明理由。

第二十五条　保险人自收到赔偿或者给付保险金的请求和有关证明、资料之日起六十日内,对其赔偿或者给付保险金的数额不能确定的,应当根据已有证明和资料可以确定的数额先予支付;保险人最终确定赔偿或者给付保险金的数额后,应当支付相应的差额。

第二十六条　人寿保险以外的其他保险的被保险人或者受益人,向保险人请求赔偿或者给付保险金的诉讼时效期间为二年,自其知道或者应当知道保险事故发生之日起计算。

人寿保险的被保险人或者受益人向保险人请求给付保险金的诉讼时效期间为五年,自其知道或者应当知道保险事故发生之日起计算。

第二十七条　未发生保险事故,被保险人或者受益人谎称发生了保险事故,向保险人提出赔偿或者给付保险金请求的,保险人有权解除合同,并不退还保险费。

投保人、被保险人故意制造保险事故的,保险人有权解除合同,不承担赔偿或者给付保险金的责任;除本法第四十三条规定外,不退还保险费。

保险事故发生后,投保人、被保险人或者受益人以伪造、变造的有关证明、资料或者其他证据,编造虚假的事故原因或者夸大损失程度的,保险人对其虚报的部分不承担赔偿或者给付保险金的责任。

投保人、被保险人或者受益人有前三款规定行为之一,致使保险人支付保险金或者支出费用的,应当退回或者赔偿。

第二十八条　保险人将其承担的保险业务,以分保形式部分转移给其他保险人的,为再保险。

应再保险接受人的要求,再保险分出人应当将其自负责任及原保险的有关情况书面告知再保险接受人。

第二十九条　再保险接受人不得向原保险的投保人要求支付保险费。

原保险的被保险人或者受益人不得向再保险接受人提出赔偿或者给付保险金的请求。

再保险分出人不得以再保险接受人未履行再保险责任为由,拒绝履行或者迟延履行其原保险责任。

第三十条　采用保险人提供的格式条款订立的保险合同,保险人与投保人、被保险人或者受益人对合同条款有争议的,应当按照通常理解予以解释。对合同条款有两种以上解释的,人民法院或者仲裁机构应当作出有利于被保险人和受益人的解释。

第二节　人身保险合同

第三十一条　投保人对下列人员具有保险利益:

(一) 本人;

(二)配偶、子女、父母;
(三)前项以外与投保人有抚养、赡养或者扶养关系的家庭其他成员、近亲属;
(四)与投保人有劳动关系的劳动者。

除前款规定外,被保险人同意投保人为其订立合同的,视为投保人对被保险人具有保险利益。

订立合同时,投保人对被保险人不具有保险利益的,合同无效。

第三十二条 投保人申报的被保险人年龄不真实,并且其真实年龄不符合合同约定的年龄限制的,保险人可以解除合同,并按照合同约定退还保险单的现金价值。保险人行使合同解除权,适用本法第十六条第三款、第六款的规定。

投保人申报的被保险人年龄不真实,致使投保人支付的保险费少于应付保险费的,保险人有权更正并要求投保人补交保险费,或者在给付保险金时按照实付保险费与应付保险费的比例支付。

投保人申报的被保险人年龄不真实,致使投保人支付的保险费多于应付保险费的,保险人应当将多收的保险费退还投保人。

第三十三条 投保人不得为无民事行为能力人投保以死亡为给付保险金条件的人身保险,保险人也不得承保。

父母为其未成年子女投保的人身保险,不受前款规定限制。但是,因被保险人死亡给付的保险金总和不得超过国务院保险监督管理机构规定的限额。

第三十四条 以死亡为给付保险金条件的合同,未经被保险人同意并认可保险金额的,合同无效。

按照以死亡为给付保险金条件的合同所签发的保险单,未经被保险人书面同意,不得转让或者质押。

父母为其未成年子女投保的人身保险,不受本条第一款规定限制。

第三十五条 投保人可以按照合同约定向保险人一次支付全部保险费或者分期支付保险费。

第三十六条 合同约定分期支付保险费,投保人支付首期保险费后,除合同另有约定外,投保人自保险人催告之日起超过三十日未支付当期保险费,或者超过约定的期限六十日未支付当期保险费的,合同效力中止,或者由保险人按照合同约定的条件减少保险金额。

被保险人在前款规定期限内发生保险事故的,保险人应当按照合同约定给付保险金,但可以扣减欠交的保险费。

第三十七条 合同效力依照本法第三十六条规定中止的,经保险人与投保人协商并达成协议,在投保人补交保险费后,合同效力恢复。但是,自合同效力中止之日起满二年双方未达成协议的,保险人有权解除合同。

保险人依照前款规定解除合同的,应当按照合同约定退还保险单的现金价值。

第三十八条 保险人对人寿保险的保险费,不得用诉讼方式要求投保人支付。

第三十九条 人身保险的受益人由被保险人或者投保人指定。

投保人指定受益人时须经被保险人同意。投保人为与其有劳动关系的劳动者投保人身保险,不得指定被保险人及其近亲属以外的人为受益人。

被保险人为无民事行为能力人或者限制民事行为能力人的,可以由其监护人指定受益人。

第四十条 被保险人或者投保人可以指定一人或者数人为受益人。

受益人为数人的,被保险人或者投保人可以确定受益顺序和受益份额;未确定受益份额的,受益人按照相等份额享有受益权。

第四十一条 被保险人或者投保人可以变更受益人并书面通知保险人。保险人收到变更受益人的书面通知后,应当在保险单或者其他保险凭证上批注或者附贴批单。

投保人变更受益人时须经被保险人同意。

第四十二条 被保险人死亡后,有下列情形之一的,保险金作为被保险人的遗产,由保险人依照《中华人民共和国继承法》的规定履行给付保险金的义务:

(一) 没有指定受益人,或者受益人指定不明无法确定的;

(二) 受益人先于被保险人死亡,没有其他受益人的;

(三) 受益人依法丧失受益权或者放弃受益权,没有其他受益人的。

受益人与被保险人在同一事件中死亡,且不能确定死亡先后顺序的,推定受益人死亡在先。

第四十三条 投保人故意造成被保险人死亡、伤残或者疾病的,保险人不承担给付保险金的责任。投保人已交足二年以上保险费的,保险人应当按照合同约定向其他权利人退还保险单的现金价值。

受益人故意造成被保险人死亡、伤残、疾病的,或者故意杀害被保险人未遂的,该受益人丧失受益权。

第四十四条 以被保险人死亡为给付保险金条件的合同,自合同成立或者合同效力恢复之日起二年内,被保险人自杀的,保险人不承担给付保险金的责任,但被保险人自杀时为无民事行为能力人的除外。

保险人依照前款规定不承担给付保险金责任的,应当按照合同约定退还保险单的现金价值。

第四十五条 因被保险人故意犯罪或者抗拒依法采取的刑事强制措施导致其伤残或者死亡的,保险人不承担给付保险金的责任。投保人已交足二年以上保险费的,保险人应当按照合同约定退还保险单的现金价值。

第四十六条 被保险人因第三者的行为而发生死亡、伤残或者疾病等保险事故的,保险人向被保险人或者受益人给付保险金后,不享有向第三者追偿的权利,但被保险人或者受益人仍有权向第三者请求赔偿。

第四十七条 投保人解除合同的,保险人应当自收到解除合同通知之日起三十日内,按照合同约定退还保险单的现金价值。

第三节 财产保险合同

第四十八条 保险事故发生时,被保险人对保险标的不具有保险利益的,不得向保险人请求赔偿保险金。

第四十九条 保险标的转让的,保险标的的受让人承继被保险人的权利和义务。

保险标的转让的,被保险人或者受让人应当及时通知保险人,但货物运输保险合同和另有约定的合同除外。

因保险标的转让导致危险程度显著增加的,保险人自收到前款规定的通知之日起三十日内,可以按照合同约定增加保险费或者解除合同。保险人解除合同的,应当将已收取的保险费,按照合同约定扣除自保险责任开始之日起至合同解除之日止应收的部分后,退还投保人。

被保险人、受让人未履行本条第二款规定的通知义务的,因转让导致保险标的的危险程度显著增加而发生的保险事故,保险人不承担赔偿保险金的责任。

第五十条 货物运输保险合同和运输工具航程保险合同,保险责任开始后,合同当事人不得解除合同。

第五十一条 被保险人应当遵守国家有关消防、安全、生产操作、劳动保护等方面的规定,维护保险标的的安全。

保险人可以按照合同约定对保险标的的安全状况进行检查,及时向投保人、被保险人提出消除不安全因素和隐患的书面建议。

投保人、被保险人未按照约定履行其对保险标的的安全应尽责任的,保险人有权要求增加保险费或者解除合同。

保险人为维护保险标的的安全,经被保险人同意,可以采取安全预防措施。

第五十二条 在合同有效期内,保险标的的危险程度显著增加的,被保险人应当按照合同约定及时通知保险人,保险人可以按照合同约定增加保险费或者解除合同。保险人解除合同的,应当将已收取的保险费,按照合同约定扣除自保险责任开始之日起至合同解除之日止应收的部分后,退还投保人。

被保险人未履行前款规定的通知义务的,因保险标的的危险程度显著增加而发生的保险事故,保险人不承担赔偿保险金的责任。

第五十三条 有下列情形之一的,除合同另有约定外,保险人应当降低保险费,并按日计算退还相应的保险费:

(一)据以确定保险费率的有关情况发生变化,保险标的的危险程度明显减少的;

(二)保险标的的保险价值明显减少的。

第五十四条 保险责任开始前,投保人要求解除合同的,应当按照合同约定向保险人支付手续费,保险人应当退还保险费。保险责任开始后,投保人要求解除合同的,保险人应当将已收取的保险费,按照合同约定扣除自保险责任开始之日起至合同解除之日止应收的部分后,退还投保人。

第五十五条 投保人和保险人约定保险标的的保险价值并在合同中载明的,保险标的发生损失时,以约定的保险价值为赔偿计算标准。

投保人和保险人未约定保险标的的保险价值的,保险标的发生损失时,以保险事故发生时保险标的的实际价值为赔偿计算标准。

保险金额不得超过保险价值。超过保险价值的,超过部分无效,保险人应当退还相应的保险费。

保险金额低于保险价值的,除合同另有约定外,保险人按照保险金额与保险价值的比例承担赔偿保险金的责任。

第五十六条 重复保险的投保人应当将重复保险的有关情况通知各保险人。

重复保险的各保险人赔偿保险金的总和不得超过保险价值。除合同另有约定外,各保险人按照其保险金额与保险金额总和的比例承担赔偿保险金的责任。

重复保险的投保人可以就保险金额总和超过保险价值的部分,请求各保险人按比例返还保险费。

重复保险是指投保人对同一保险标的、同一保险利益、同一保险事故分别与两个以上保险人订立保险合同,且保险金额总和超过保险价值的保险。

第五十七条 保险事故发生时,被保险人应当尽力采取必要的措施,防止或者减少损失。

保险事故发生后,被保险人为防止或者减少保险标的的损失所支付的必要的、合理的费用,由保险人承担;保险人所承担的费用数额在保险标的损失赔偿金额以外另行计算,最高不超过保险金额的数额。

第五十八条 保险标的发生部分损失的,自保险人赔偿之日起三十日内,投保人可以解除合同；除合同另有约定外，保险人也可以解除合同，但应当提前十五日通知投保人。

合同解除的，保险人应当将保险标的未受损失部分的保险费，按照合同约定扣除自保险责任开始之日起至合同解除之日止应收的部分后，退还投保人。

第五十九条 保险事故发生后，保险人已支付了全部保险金额，并且保险金额等于保险价值的，受损保险标的的全部权利归于保险人；保险金额低于保险价值的，保险人按照保险金额与保险价值的比例取得受损保险标的的部分权利。

第六十条 因第三者对保险标的的损害而造成保险事故的，保险人自向被保险人赔偿保险金之日起，在赔偿金额范围内代位行使被保险人对第三者请求赔偿的权利。

前款规定的保险事故发生后，被保险人已经从第三者取得损害赔偿的，保险人赔偿保险金时，可以相应扣减被保险人从第三者已取得的赔偿金额。

保险人依照本条第一款规定行使代位请求赔偿的权利，不影响被保险人就未取得赔偿的部分向第三者请求赔偿的权利。

第六十一条 保险事故发生后，保险人未赔偿保险金之前，被保险人放弃对第三者请求赔偿的权利的，保险人不承担赔偿保险金的责任。

保险人向被保险人赔偿保险金后，被保险人未经保险人同意放弃对第三者请求赔偿的权利的，该行为无效。

被保险人故意或者因重大过失致使保险人不能行使代位请求赔偿的权利的，保险人可以扣减或者要求返还相应的保险金。

第六十二条 除被保险人的家庭成员或者其组成人员故意造成本法第六十条第一款规定的保险事故外，保险人不得对被保险人的家庭成员或者其组成人员行使代位请求赔偿的权利。

第六十三条 保险人向第三者行使代位请求赔偿的权利时，被保险人应当向保险人提供必要的文件和所知道的有关情况。

第六十四条 保险人、被保险人为查明和确定保险事故的性质、原因和保险标的的损失程度所支付的必要的、合理的费用，由保险人承担。

第六十五条 保险人对责任保险的被保险人给第三者造成的损害，可以依照法律的规定或者合同的约定，直接向该第三者赔偿保险金。

责任保险的被保险人给第三者造成损害，被保险人对第三者应负的赔偿责任确定的，根据被保险人的请求，保险人应当直接向该第三者赔偿保险金。被保险人怠于请求的，第三者有权就其应获赔偿部分直接向保险人请求赔偿保险金。

责任保险的被保险人给第三者造成损害，被保险人未向该第三者赔偿的，保险人不得向被保险人赔偿保险金。

责任保险是指以被保险人对第三者依法应负的赔偿责任为保险标的的保险。

第六十六条 责任保险的被保险人因给第三者造成损害的保险事故而被提起仲裁或者诉讼的，被保险人支付的仲裁或者诉讼费用以及其他必要的、合理的费用，除合同另有约定外，由保险人承担。

第三章 保险公司

第六十七条 设立保险公司应当经国务院保险监督管理机构批准。

国务院保险监督管理机构审查保险公司的设立申请时,应当考虑保险业的发展和公平竞争的需要。

第六十八条 设立保险公司应当具备下列条件:

(一)主要股东具有持续盈利能力,信誉良好,最近三年内无重大违法违规记录,净资产不低于人民币二亿元;

(二)有符合本法和《中华人民共和国公司法》规定的章程;

(三)有符合本法规定的注册资本;

(四)有具备任职专业知识和业务工作经验的董事、监事和高级管理人员;

(五)有健全的组织机构和管理制度;

(六)有符合要求的营业场所和与经营业务有关的其他设施;

(七)法律、行政法规和国务院保险监督管理机构规定的其他条件。

第六十九条 设立保险公司,其注册资本的最低限额为人民币二亿元。

国务院保险监督管理机构根据保险公司的业务范围、经营规模,可以调整其注册资本的最低限额,但不得低于本条第一款规定的限额。

保险公司的注册资本必须为实缴货币资本。

第七十条 申请设立保险公司,应当向国务院保险监督管理机构提出书面申请,并提交下列材料:

(一)设立申请书,申请书应当载明拟设立的保险公司的名称、注册资本、业务范围等;

(二)可行性研究报告;

(三)筹建方案;

(四)投资人的营业执照或者其他背景资料,经会计师事务所审计的上一年度财务会计报告;

(五)投资人认可的筹备组负责人和拟任董事长、经理名单及本人认可证明;

(六)国务院保险监督管理机构规定的其他材料。

第七十一条 国务院保险监督管理机构应当对设立保险公司的申请进行审查,自受理之日起六个月内作出批准或者不批准筹建的决定,并书面通知申请人。决定不批准的,应当书面说明理由。

第七十二条 申请人应当自收到批准筹建通知之日起一年内完成筹建工作;筹建期间不得从事保险经营活动。

第七十三条 筹建工作完成后,申请人具备本法第六十八条规定的设立条件的,可以向国务院保险监督管理机构提出开业申请。

国务院保险监督管理机构应当自受理开业申请之日起六十日内,作出批准或者不批准开业的决定。决定批准的,颁发经营保险业务许可证;决定不批准的,应当书面通知申请人并说明理由。

第七十四条 保险公司在中华人民共和国境内设立分支机构,应当经保险监督管理机构批准。

保险公司分支机构不具有法人资格,其民事责任由保险公司承担。

第七十五条 保险公司申请设立分支机构,应当向保险监督管理机构提出书面申请,并提交下列材料:

(一)设立申请书;

(二)拟设机构三年业务发展规划和市场分析材料;

(三)拟任高级管理人员的简历及相关证明材料;

(四)国务院保险监督管理机构规定的其他材料。

第七十六条 保险监督管理机构应当对保险公司设立分支机构的申请进行审查,自受理之日起六十日内作出批准或者不批准的决定。决定批准的,颁发分支机构经营保险业务许可证;决定不批准的,应当书面通知申请人并说明理由。

第七十七条 经批准设立的保险公司及其分支机构,凭经营保险业务许可证向工商行政管理机关办理登记,领取营业执照。

第七十八条 保险公司及其分支机构自取得经营保险业务许可证之日起六个月内,无正当理由未向工商行政管理机关办理登记的,其经营保险业务许可证失效。

第七十九条 保险公司在中华人民共和国境外设立子公司、分支机构、代表机构,应当经国务院保险监督管理机构批准。

第八十条 外国保险机构在中华人民共和国境内设立代表机构,应当经国务院保险监督管理机构批准。代表机构不得从事保险经营活动。

第八十一条 保险公司的董事、监事和高级管理人员,应当品行良好,熟悉与保险相关的法律、行政法规,具有履行职责所需的经营管理能力,并在任职前取得保险监督管理机构核准的任职资格。

保险公司高级管理人员的范围由国务院保险监督管理机构规定。

第八十二条 有《中华人民共和国公司法》第一百四十七条规定的情形或者下列情形之一的,不得担任保险公司的董事、监事、高级管理人员:

(一)因违法行为或者违纪行为被金融监督管理机构取消任职资格的金融机构的董事、监事、高级管理人员,自被取消任职资格之日起未逾五年的;

(二)因违法行为或者违纪行为被吊销执业资格的律师、注册会计师或者资产评估机构、验证机构等机构的专业人员,自被吊销执业资格之日起未逾五年的。

第八十三条 保险公司的董事、监事、高级管理人员执行公司职务时违反法律、行政法规或者公司章程的规定,给公司造成损失的,应当承担赔偿责任。

第八十四条 保险公司有下列情形之一的,应当经保险监督管理机构批准:

(一)变更名称;

(二)变更注册资本;

(三)变更公司或者分支机构的营业场所;

(四)撤销分支机构;

(五)公司分立或者合并;

(六)修改公司章程;

(七)变更出资额占有限责任公司资本总额百分之五以上的股东,或者变更持有股份有限公司股份百分之五以上的股东;

(八)国务院保险监督管理机构规定的其他情形。

第八十五条 保险公司应当聘用经国务院保险监督管理机构认可的精算专业人员,建立精算报告制度。

保险公司应当聘用专业人员,建立合规报告制度。

第八十六条 保险公司应当按照保险监督管理机构的规定,报送有关报告、报表、文件和资料。

保险公司的偿付能力报告、财务会计报告、精算报告、合规报告及其他有关报告、报表、文件和资料必须如实记录保险业务事项,不得有虚假记载、误导性陈述和重大遗漏。

第八十七条　保险公司应当按照国务院保险监督管理机构的规定妥善保管业务经营活动的完整账簿、原始凭证和有关资料。

前款规定的账簿、原始凭证和有关资料的保管期限，自保险合同终止之日起计算，保险期间在一年以下的不得少于五年，保险期间超过一年的不得少于十年。

第八十八条　保险公司聘请或者解聘会计师事务所、资产评估机构、资信评级机构等中介服务机构，应当向保险监督管理机构报告；解聘会计师事务所、资产评估机构、资信评级机构等中介服务机构，应当说明理由。

第八十九条　保险公司因分立、合并需要解散，或者股东会、股东大会决议解散，或者公司章程规定的解散事由出现，经国务院保险监督管理机构批准后解散。

经营有人寿保险业务的保险公司，除因分立、合并或者被依法撤销外，不得解散。

保险公司解散，应当依法成立清算组进行清算。

第九十条　保险公司有《中华人民共和国企业破产法》第二条规定情形的，经国务院保险监督管理机构同意，保险公司或者其债权人可以依法向人民法院申请重整、和解或者破产清算；国务院保险监督管理机构也可以依法向人民法院申请对该保险公司进行重整或者破产清算。

第九十一条　破产财产在优先清偿破产费用和共益债务后，按照下列顺序清偿：

（一）所欠职工工资和医疗、伤残补助、抚恤费用，所欠应当划入职工个人账户的基本养老保险、基本医疗保险费用，以及法律、行政法规规定应当支付给职工的补偿金；

（二）赔偿或者给付保险金；

（三）保险公司欠缴的除第（一）项规定以外的社会保险费用和所欠税款；

（四）普通破产债权。

破产财产不足以清偿同一顺序的清偿要求的，按照比例分配。

破产保险公司的董事、监事和高级管理人员的工资，按照该公司职工的平均工资计算。

第九十二条　经营有人寿保险业务的保险公司被依法撤销或者被依法宣告破产的，其持有的人寿保险合同及责任准备金，必须转让给其他经营有人寿保险业务的保险公司；不能同其他保险公司达成转让协议的，由国务院保险监督管理机构指定经营有人寿保险业务的保险公司接受转让。

转让或者由国务院保险监督管理机构指定接受转让前款规定的人寿保险合同及责任准备金的，应当维护被保险人、受益人的合法权益。

第九十三条　保险公司依法终止其业务活动，应当注销其经营保险业务许可证。

第九十四条　保险公司，除本法另有规定外，适用《中华人民共和国公司法》的规定。

第四章　保险经营规则

第九十五条　保险公司的业务范围：

（一）人身保险业务，包括人寿保险、健康保险、意外伤害保险等保险业务；

（二）财产保险业务，包括财产损失保险、责任保险、信用保险、保证保险等保险业务；

（三）国务院保险监督管理机构批准的与保险有关的其他业务。

保险人不得兼营人身保险业务和财产保险业务。但是，经营财产保险业务的保险公司经国务院保险监督管理机构批准，可以经营短期健康保险业务和意外伤害保险业务。

保险公司应当在国务院保险监督管理机构依法批准的业务范围内从事保险经营活动。

第九十六条 经国务院保险监督管理机构批准,保险公司可以经营本法第九十五条规定的保险业务的下列再保险业务:

(一)分出保险;

(二)分入保险。

第九十七条 保险公司应当按照其注册资本总额的百分之二十提取保证金,存入国务院保险监督管理机构指定的银行,除公司清算时用于清偿债务外,不得动用。

第九十八条 保险公司应当根据保障被保险人利益、保证偿付能力的原则,提取各项责任准备金。

保险公司提取和结转责任准备金的具体办法,由国务院保险监督管理机构制定。

第九十九条 保险公司应当依法提取公积金。

第一百条 保险公司应当缴纳保险保障基金。

保险保障基金应当集中管理,并在下列情形下统筹使用:

(一)在保险公司被撤销或者被宣告破产时,向投保人、被保险人或者受益人提供救济;

(二)在保险公司被撤销或者被宣告破产时,向依法接受其人寿保险合同的保险公司提供救济;

(三)国务院规定的其他情形。

保险保障基金筹集、管理和使用的具体办法,由国务院制定。

第一百零一条 保险公司应当具有与其业务规模和风险程度相适应的最低偿付能力。保险公司的认可资产减去认可负债的差额不得低于国务院保险监督管理机构规定的数额;低于规定数额的,应当按照国务院保险监督管理机构的要求采取相应措施达到规定的数额。

第一百零二条 经营财产保险业务的保险公司当年自留保险费,不得超过其实有资本金加公积金总和的四倍。

第一百零三条 保险公司对每一危险单位,即对一次保险事故可能造成的最大损失范围所承担的责任,不得超过其实有资本金加公积金总和的百分之十;超过的部分应当办理再保险。

保险公司对危险单位的划分应当符合国务院保险监督管理机构的规定。

第一百零四条 保险公司对危险单位的划分方法和巨灾风险安排方案,应当报国务院保险监督管理机构备案。

第一百零五条 保险公司应当按照国务院保险监督管理机构的规定办理再保险,并审慎选择再保险接受人。

第一百零六条 保险公司的资金运用必须稳健,遵循安全性原则。

保险公司的资金运用限于下列形式:

(一)银行存款;

(二)买卖债券、股票、证券投资基金份额等有价证券;

(三)投资不动产;

(四)国务院规定的其他资金运用形式。

保险公司资金运用的具体管理办法,由国务院保险监督管理机构依照前两款的规定制定。

第一百零七条 经国务院保险监督管理机构会同国务院证券监督管理机构批准,保险公司可以设立保险资产管理公司。

保险资产管理公司从事证券投资活动,应当遵守《中华人民共和国证券法》等法律、行政法规的规定。

保险资产管理公司的管理办法,由国务院保险监督管理机构会同国务院有关部门制定。

第一百零八条 保险公司应当按照国务院保险监督管理机构的规定,建立对关联交易的管理和信息披露制度。

第一百零九条 保险公司的控股股东、实际控制人、董事、监事、高级管理人员不得利用关联交易损害公司的利益。

第一百一十条 保险公司应当按照国务院保险监督管理机构的规定,真实、准确、完整地披露财务会计报告、风险管理状况、保险产品经营情况等重大事项。

第一百一十一条 保险公司从事保险销售的人员应当符合国务院保险监督管理机构规定的资格条件,取得保险监督管理机构颁发的资格证书。

前款规定的保险销售人员的范围和管理办法,由国务院保险监督管理机构规定。

第一百一十二条 保险公司应当建立保险代理人登记管理制度,加强对保险代理人的培训和管理,不得唆使、诱导保险代理人进行违背诚信义务的活动。

第一百一十三条 保险公司及其分支机构应当依法使用经营保险业务许可证,不得转让、出租、出借经营保险业务许可证。

第一百一十四条 保险公司应当按照国务院保险监督管理机构的规定,公平、合理拟订保险条款和保险费率,不得损害投保人、被保险人和受益人的合法权益。

保险公司应当按照合同约定和本法规定,及时履行赔偿或者给付保险金义务。

第一百一十五条 保险公司开展业务,应当遵循公平竞争的原则,不得从事不正当竞争。

第一百一十六条 保险公司及其工作人员在保险业务活动中不得有下列行为:

(一)欺骗投保人、被保险人或者受益人;

(二)对投保人隐瞒与保险合同有关的重要情况;

(三)阻碍投保人履行本法规定的如实告知义务,或者诱导其不履行本法规定的如实告知义务;

(四)给予或者承诺给予投保人、被保险人、受益人保险合同约定以外的保险费回扣或者其他利益;

(五)拒不依法履行保险合同约定的赔偿或者给付保险金义务;

(六)故意编造未曾发生的保险事故、虚构保险合同或者故意夸大已经发生的保险事故的损失程度进行虚假理赔,骗取保险金或者牟取其他不正当利益;

(七)挪用、截留、侵占保险费;

(八)委托未取得合法资格的机构或者个人从事保险销售活动;

(九)利用开展保险业务为其他机构或者个人牟取不正当利益;

(十)利用保险代理人、保险经纪人或者保险评估机构,从事以虚构保险中介业务或者编造退保等方式套取费用等违法活动;

(十一)以捏造、散布虚假事实等方式损害竞争对手的商业信誉,或者以其他不正当竞争行为扰乱保险市场秩序;

(十二)泄露在业务活动中知悉的投保人、被保险人的商业秘密;

(十三)违反法律、行政法规和国务院保险监督管理机构规定的其他行为。

第五章 保险代理人和保险经纪人

第一百一十七条 保险代理人是根据保险人的委托,向保险人收取佣金,并在保险人授权的范围内代为办理保险业务的机构或者个人。

保险代理机构包括专门从事保险代理业务的保险专业代理机构和兼营保险代理业务的保险兼业代理机构。

第一百一十八条 保险经纪人是基于投保人的利益，为投保人与保险人订立保险合同提供中介服务，并依法收取佣金的机构。

第一百一十九条 保险代理机构、保险经纪人应当具备国务院保险监督管理机构规定的条件，取得保险监督管理机构颁发的经营保险代理业务许可证、保险经纪业务许可证。

保险专业代理机构、保险经纪人凭保险监督管理机构颁发的许可证向工商行政管理机关办理登记，领取营业执照。

保险兼业代理机构凭保险监督管理机构颁发的许可证，向工商行政管理机关办理变更登记。

第一百二十条 以公司形式设立保险专业代理机构、保险经纪人，其注册资本最低限额适用《中华人民共和国公司法》的规定。

国务院保险监督管理机构根据保险专业代理机构、保险经纪人的业务范围和经营规模，可以调整其注册资本的最低限额，但不得低于《中华人民共和国公司法》规定的限额。

保险专业代理机构、保险经纪人的注册资本或者出资额必须为实缴货币资本。

第一百二十一条 保险专业代理机构、保险经纪人的高级管理人员，应当品行良好，熟悉保险法律、行政法规，具有履行职责所需的经营管理能力，并在任职前取得保险监督管理机构核准的任职资格。

第一百二十二条 个人保险代理人、保险代理机构的代理从业人员、保险经纪人的经纪从业人员，应当具备国务院保险监督管理机构规定的资格条件，取得保险监督管理机构颁发的资格证书。

第一百二十三条 保险代理机构、保险经纪人应当有自己的经营场所，设立专门账簿记载保险代理业务、经纪业务的收支情况。

第一百二十四条 保险代理机构、保险经纪人应当按照国务院保险监督管理机构的规定缴存保证金或者投保职业责任保险。未经保险监督管理机构批准，保险代理机构、保险经纪人不得动用保证金。

第一百二十五条 个人保险代理人在代为办理人寿保险业务时，不得同时接受两个以上保险人的委托。

第一百二十六条 保险人委托保险代理人代为办理保险业务，应当与保险代理人签订委托代理协议，依法约定双方的权利和义务。

第一百二十七条 保险代理人根据保险人的授权代为办理保险业务的行为，由保险人承担责任。

保险代理人没有代理权、超越代理权或者代理权终止后以保险人名义订立合同，使投保人有理由相信其有代理权的，该代理行为有效。保险人可以依法追究越权的保险代理人的责任。

第一百二十八条 保险经纪人因过错给投保人、被保险人造成损失的，依法承担赔偿责任。

第一百二十九条 保险活动当事人可以委托保险公估机构等依法设立的独立评估机构或者具有相关专业知识的人员，对保险事故进行评估和鉴定。

接受委托对保险事故进行评估和鉴定的机构和人员，应当依法、独立、客观、公正地进行评估和鉴定，任何单位和个人不得干涉。

前款规定的机构和人员，因故意或者过失给保险人或者被保险人造成损失的，依法承担赔偿责任。

第一百三十条　保险佣金只限于向具有合法资格的保险代理人、保险经纪人支付,不得向其他人支付。

第一百三十一条　保险代理人、保险经纪人及其从业人员在办理保险业务活动中不得有下列行为:

(一)欺骗保险人、投保人、被保险人或者受益人;

(二)隐瞒与保险合同有关的重要情况;

(三)阻碍投保人履行本法规定的如实告知义务,或者诱导其不履行本法规定的如实告知义务;

(四)给予或者承诺给予投保人、被保险人或者受益人保险合同约定以外的利益;

(五)利用行政权力、职务或者职业便利以及其他不正当手段强迫、引诱或者限制投保人订立保险合同;

(六)伪造、擅自变更保险合同,或者为保险合同当事人提供虚假证明材料;

(七)挪用、截留、侵占保险费或者保险金;

(八)利用业务便利为其他机构或者个人牟取不正当利益;

(九)串通投保人、被保险人或者受益人,骗取保险金;

(十)泄露在业务活动中知悉的保险人、投保人、被保险人的商业秘密。

第一百三十二条　保险专业代理机构、保险经纪人分立、合并、变更组织形式、设立分支机构或者解散的,应当经保险监督管理机构批准。

第一百三十三条　本法第八十六条第一款、第一百一十三条的规定,适用于保险代理机构和保险经纪人。

第六章　保险业监督管理

第一百三十四条　保险监督管理机构依照本法和国务院规定的职责,遵循依法、公开、公正的原则,对保险业实施监督管理,维护保险市场秩序,保护投保人、被保险人和受益人的合法权益。

第一百三十五条　国务院保险监督管理机构依照法律、行政法规制定并发布有关保险业监督管理的规章。

第一百三十六条　关系社会公众利益的保险险种、依法实行强制保险的险种和新开发的人寿保险险种等的保险条款和保险费率,应当报国务院保险监督管理机构批准。国务院保险监督管理机构审批时,应当遵循保护社会公众利益和防止不正当竞争的原则。其他保险险种的保险条款和保险费率,应当报保险监督管理机构备案。

保险条款和保险费率审批、备案的具体办法,由国务院保险监督管理机构依照前款规定制定。

第一百三十七条　保险公司使用的保险条款和保险费率违反法律、行政法规或者国务院保险监督管理机构的有关规定的,由保险监督管理机构责令停止使用,限期修改;情节严重的,可以在一定期限内禁止申报新的保险条款和保险费率。

第一百三十八条　国务院保险监督管理机构应当建立健全保险公司偿付能力监管体系,对保险公司的偿付能力实施监控。

第一百三十九条　对偿付能力不足的保险公司,国务院保险监督管理机构应当将其列为重点监管对象,并可以根据具体情况采取下列措施:

(一)责令增加资本金、办理再保险;

（二）限制业务范围；
（三）限制向股东分红；
（四）限制固定资产购置或者经营费用规模；
（五）限制资金运用的形式、比例；
（六）限制增设分支机构；
（七）责令拍卖不良资产、转让保险业务；
（八）限制董事、监事、高级管理人员的薪酬水平；
（九）限制商业性广告；
（十）责令停止接受新业务。

第一百四十条 保险公司未依照本法规定提取或者结转各项责任准备金，或者未依照本法规定办理再保险，或者严重违反本法关于资金运用的规定的，由保险监督管理机构责令限期改正，并可以责令调整负责人及有关管理人员。

第一百四十一条 保险监督管理机构依照本法第一百四十条的规定作出限期改正的决定后，保险公司逾期未改正的，国务院保险监督管理机构可以决定选派保险专业人员和指定该保险公司的有关人员组成整顿组，对公司进行整顿。

整顿决定应当载明被整顿公司的名称、整顿理由、整顿组成员和整顿期限，并予以公告。

第一百四十二条 整顿组有权监督被整顿保险公司的日常业务。被整顿公司的负责人及有关管理人员应当在整顿组的监督下行使职权。

第一百四十三条 整顿过程中，被整顿保险公司的原有业务继续进行。但是，国务院保险监督管理机构可以责令被整顿公司停止部分原有业务、停止接受新业务，调整资金运用。

第一百四十四条 被整顿保险公司经整顿已纠正其违反本法规定的行为，恢复正常经营状况的，由整顿组提出报告，经国务院保险监督管理机构批准，结束整顿，并由国务院保险监督管理机构予以公告。

第一百四十五条 保险公司有下列情形之一的，国务院保险监督管理机构可以对其实行接管：

（一）公司的偿付能力严重不足的；

（二）违反本法规定，损害社会公共利益，可能严重危及或者已经严重危及公司的偿付能力的。

被接管的保险公司的债权债务关系不因接管而变化。

第一百四十六条 接管组的组成和接管的实施办法，由国务院保险监督管理机构决定，并予以公告。

第一百四十七条 接管期限届满，国务院保险监督管理机构可以决定延长接管期限，但接管期限最长不得超过二年。

第一百四十八条 接管期限届满，被接管的保险公司已恢复正常经营能力的，由国务院保险监督管理机构决定终止接管，并予以公告。

第一百四十九条 被整顿、被接管的保险公司有《中华人民共和国企业破产法》第二条规定情形的，国务院保险监督管理机构可以依法向人民法院申请对该保险公司进行重整或者破产清算。

第一百五十条 保险公司因违法经营被依法吊销经营保险业务许可证的，或者偿付能力低于国务院保险监督管理机构规定标准，不予撤销将严重危害保险市场秩序、损害公共利益的，由国务院保险监督管理机构予以撤销并公告，依法及时组织清算组进行清算。

第一百五十一条 国务院保险监督管理机构有权要求保险公司股东、实际控制人在指定的期限内提供有关信息和资料。

第一百五十二条　保险公司的股东利用关联交易严重损害公司利益,危及公司偿付能力的,由国务院保险监督管理机构责令改正。在按照要求改正前,国务院保险监督管理机构可以限制其股东权利;拒不改正的,可以责令其转让所持的保险公司股权。

第一百五十三条　保险监督管理机构根据履行监督管理职责的需要,可以与保险公司董事、监事和高级管理人员进行监督管理谈话,要求其就公司的业务活动和风险管理的重大事项作出说明。

第一百五十四条　保险公司在整顿、接管、撤销清算期间,或者出现重大风险时,国务院保险监督管理机构可以对该公司直接负责的董事、监事、高级管理人员和其他直接责任人员采取以下措施:

(一) 通知出境管理机关依法阻止其出境;

(二) 申请司法机关禁止其转移、转让或者以其他方式处分财产,或者在财产上设定其他权利。

第一百五十五条　保险监督管理机构依法履行职责,可以采取下列措施:

(一) 对保险公司、保险代理人、保险经纪人、保险资产管理公司、外国保险机构的代表机构进行现场检查;

(二) 进入涉嫌违法行为发生场所调查取证;

(三) 询问当事人及与被调查事件有关的单位和个人,要求其对与被调查事件有关的事项作出说明;

(四) 查阅、复制与被调查事件有关的财产权登记等资料;

(五) 查阅、复制保险公司、保险代理人、保险经纪人、保险资产管理公司、外国保险机构的代表机构以及与被调查事件有关的单位和个人的财务会计资料及其他相关文件和资料;对可能被转移、隐匿或者毁损的文件和资料予以封存;

(六) 查询涉嫌违法经营的保险公司、保险代理人、保险经纪人、保险资产管理公司、外国保险机构的代表机构以及与涉嫌违法事项有关的单位和个人的银行账户;

(七) 对有证据证明已经或者可能转移、隐匿违法资金等涉案财产或者隐匿、伪造、毁损重要证据的,经保险监督管理机构主要负责人批准,申请人民法院予以冻结或者查封。

保险监督管理机构采取前款第(一)项、第(二)项、第(五)项措施的,应当经保险监督管理机构负责人批准;采取第(六)项措施的,应当经国务院保险监督管理机构负责人批准。

保险监督管理机构依法进行监督检查或者调查,其监督检查、调查的人员不得少于二人,并应当出示合法证件和监督检查、调查通知书;监督检查、调查的人员少于二人或者未出示合法证件和监督检查、调查通知书的,被检查、调查的单位和个人有权拒绝。

第一百五十六条　保险监督管理机构依法履行职责,被检查、调查的单位和个人应当配合。

第一百五十七条　保险监督管理机构工作人员应当忠于职守,依法办事,公正廉洁,不得利用职务便利牟取不正当利益,不得泄露所知悉的有关单位和个人的商业秘密。

第一百五十八条　国务院保险监督管理机构应当与中国人民银行、国务院其他金融监督管理机构建立监督管理信息共享机制。

保险监督管理机构依法履行职责,进行监督检查、调查时,有关部门应当予以配合。

第七章　法　律　责　任

第一百五十九条　违反本法规定,擅自设立保险公司、保险资产管理公司或者非法经营商业保险业务的,由保险监督管理机构予以取缔,没收违法所得,并处违法所得一倍以上五倍以下的罚款;没有违法所得或者违法所得不足二十万元的,处二十万元以上一百万元以下的罚款。

第一百六十条 违反本法规定,擅自设立保险专业代理机构、保险经纪人,或者未取得经营保险代理业务许可证、保险经纪业务许可证从事保险代理业务、保险经纪业务的,由保险监督管理机构予以取缔,没收违法所得,并处违法所得一倍以上五倍以下的罚款;没有违法所得或者违法所得不足五万元的,处五万元以上三十万元以下的罚款。

第一百六十一条 保险公司违反本法规定,超出批准的业务范围经营的,由保险监督管理机构责令限期改正,没收违法所得,并处违法所得一倍以上五倍以下的罚款;没有违法所得或者违法所得不足十万元的,处十万元以上五十万元以下的罚款。逾期不改正或者造成严重后果的,责令停业整顿或者吊销业务许可证。

第一百六十二条 保险公司有本法第一百一十六条规定行为之一的,由保险监督管理机构责令改正,处五万元以上三十万元以下的罚款;情节严重的,限制其业务范围、责令停止接受新业务或者吊销业务许可证。

第一百六十三条 保险公司违反本法第八十四条规定的,由保险监督管理机构责令改正,处一万元以上十万元以下的罚款。

第一百六十四条 保险公司违反本法规定,有下列行为之一的,由保险监督管理机构责令改正,处五万元以上三十万元以下的罚款:
(一)超额承保,情节严重的;
(二)为无民事行为能力人承保以死亡为给付保险金条件的保险的。

第一百六十五条 违反本法规定,有下列行为之一的,由保险监督管理机构责令改正,处五万元以上三十万元以下的罚款;情节严重的,可以限制其业务范围、责令停止接受新业务或者吊销业务许可证:
(一)未按照规定提存保证金或者违反规定动用保证金的;
(二)未按照规定提取或者结转各项责任准备金的;
(三)未按照规定缴纳保险保障基金或者提取公积金的;
(四)未按照规定办理再保险的;
(五)未按照规定运用保险公司资金的;
(六)未经批准设立分支机构或者代表机构的;
(七)未按照规定申请批准保险条款、保险费率的。

第一百六十六条 保险代理机构、保险经纪人有本法第一百三十一条规定行为之一的,由保险监督管理机构责令改正,处五万元以上三十万元以下的罚款;情节严重的,吊销业务许可证。

第一百六十七条 保险代理机构、保险经纪人违反本法规定,有下列行为之一的,由保险监督管理机构责令改正,处二万元以上十万元以下的罚款;情节严重的,责令停业整顿或者吊销业务许可证:
(一)未按照规定缴存保证金或者投保职业责任保险的;
(二)未按照规定设立专门账簿记载业务收支情况的。

第一百六十八条 保险专业代理机构、保险经纪人违反本法规定,未经批准设立分支机构或者变更组织形式的,由保险监督管理机构责令改正,处一万元以上五万元以下的罚款。

第一百六十九条 违反本法规定,聘任不具有任职资格、从业资格的人员的,由保险监督管理机构责令改正,处二万元以上十万元以下的罚款。

第一百七十条 违反本法规定,转让、出租、出借业务许可证的,由保险监督管理机构处一万元以上十万元以下的罚款;情节严重的,责令停业整顿或者吊销业务许可证。

第一百七十一条 违反本法规定,有下列行为之一的,由保险监督管理机构责令限期改正;逾期不改正的,处一万元以上十万元以下的罚款:

(一)未按照规定报送或者保管报告、报表、文件、资料的,或者未按照规定提供有关信息、资料的;

(二)未按照规定报送保险条款、保险费率备案的;

(三)未按照规定披露信息的。

第一百七十二条 违反本法规定,有下列行为之一的,由保险监督管理机构责令改正,处十万元以上五十万元以下的罚款;情节严重的,可以限制其业务范围、责令停止接受新业务或者吊销业务许可证:

(一)编制或者提供虚假的报告、报表、文件、资料的;

(二)拒绝或者妨碍依法监督检查的;

(三)未按照规定使用经批准或者备案的保险条款、保险费率的。

第一百七十三条 保险公司、保险资产管理公司、保险专业代理机构、保险经纪人违反本法规定的,保险监督管理机构除分别依照本法第一百六十一条至第一百七十二条的规定对该单位给予处罚外,对其直接负责的主管人员和其他直接责任人员给予警告,并处一万元以上十万元以下的罚款;情节严重的,撤销任职资格或者从业资格。

第一百七十四条 个人保险代理人违反本法规定的,由保险监督管理机构给予警告,可以并处二万元以下的罚款;情节严重的,处二万元以上十万元以下的罚款,并可以吊销其资格证书。

未取得合法资格的人员从事个人保险代理活动的,由保险监督管理机构给予警告,可以并处二万元以下的罚款;情节严重的,处二万元以上十万元以下的罚款。

第一百七十五条 外国保险机构未经国务院保险监督管理机构批准,擅自在中华人民共和国境内设立代表机构的,由国务院保险监督管理机构予以取缔,处五万元以上三十万元以下的罚款。

外国保险机构在中华人民共和国境内设立的代表机构从事保险经营活动的,由保险监督管理机构责令改正,没收违法所得,并处违法所得一倍以上五倍以下的罚款;没有违法所得或者违法所得不足二十万元的,处二十万元以上一百万元以下的罚款;对其首席代表可以责令撤换;情节严重的,撤销其代表机构。

第一百七十六条 投保人、被保险人或者受益人有下列行为之一,进行保险诈骗活动,尚不构成犯罪的,依法给予行政处罚:

(一)投保人故意虚构保险标的,骗取保险金的;

(二)编造未曾发生的保险事故,或者编造虚假的事故原因或夸大损失程度,骗取保险金的;

(三)故意造成保险事故,骗取保险金的。

保险事故的鉴定人、评估人、证明人故意提供虚假的证明文件,为投保人、被保险人或者受益人进行保险诈骗提供条件的,依照前款规定给予处罚。

第一百七十七条 违反本法规定,给他人造成损害的,依法承担民事责任。

第一百七十八条 拒绝、阻碍保险监督管理机构及其工作人员依法行使监督检查、调查职权,未使用暴力、威胁方法的,依法给予治安管理处罚。

第一百七十九条 违反法律、行政法规的规定,情节严重的,国务院保险监督管理机构可以禁止有关责任人员一定期限直至终身进入保险业。

第一百八十条　保险监督管理机构从事监督管理工作的人员有下列情形之一的,依法给予处分:

（一）违反规定批准机构的设立的;

（二）违反规定进行保险条款、保险费率审批的;

（三）违反规定进行现场检查的;

（四）违反规定查询账户或者冻结资金的;

（五）泄露其知悉的有关单位和个人的商业秘密的;

（六）违反规定实施行政处罚的;

（七）滥用职权、玩忽职守的其他行为。

第一百八十一条　违反本法规定,构成犯罪的,依法追究刑事责任。

第八章　附　　则

第一百八十二条　保险公司应当加入保险行业协会。保险代理人、保险经纪人、保险公估机构可以加入保险行业协会。

保险行业协会是保险业的自律性组织,是社会团体法人。

第一百八十三条　保险公司以外的其他依法设立的保险组织经营的商业保险业务,适用本法。

第一百八十四条　海上保险适用《中华人民共和国海商法》的有关规定;《中华人民共和国海商法》未规定的,适用本法的有关规定。

第一百八十五条　中外合资保险公司、外资独资保险公司、外国保险公司分公司适用本法规定;法律、行政法规另有规定的,适用其规定。

第一百八十六条　国家支持发展为农业生产服务的保险事业。农业保险由法律、行政法规另行规定。

强制保险,法律、行政法规另有规定的,适用其规定。

第一百八十七条　本法自2009年10月1日起施行。